JN082417

杉本敏夫 監修
最新・はじめて学ぶ社会福祉

ソーシャルワークの 基盤と専門職II（専門）

木村淳也・小口将典

編著

ミネルヴァ書房

シリーズ刊行によせて

　この度，新たに「最新・はじめて学ぶ社会福祉」のシリーズが刊行されることになった。このシリーズは，もともと1998年に，当時岡山県立大学の教授であった故大島侑先生が監修されて「シリーズ・はじめて学ぶ社会福祉」として始まったものであった。当時，現監修者の杉本も岡山県立大学に勤務しており，一部の執筆と編集を担当した。そのような縁があって，その後，杉本が監修を引き継ぎ，2015年に「新・はじめて学ぶ社会福祉」のシリーズを刊行していただいた。

　この度の新シリーズ刊行は，これまでの取り組みをベースに，ちょうど社会福祉士の新しく改正されたカリキュラムが始まることに対応して新しいシラバスにも配慮しつつ，これからの社会福祉について学べるように改訂し，内容の充実を図るものである。また，これまでのシリーズは社会福祉概論や老人福祉論といった社会福祉の中核に焦点を当てた構成をしていたが，今回のシリーズにおいては，いままで以上に社会福祉士の養成を意識して，社会学や心理学，社会福祉調査等の科目もシリーズに加えて充実を図っているのが特徴である。

　なお，これまでの本シリーズの特徴は，①初心者にもわかりやすく社会福祉を説明する，②社会福祉士，精神保健福祉士，介護福祉士，保育士等の養成テキストとして活用できる，③専門職養成の教科書にとどまらないで社会福祉の本質を追究する，ということであった。この新しいシリーズでも，これらの特徴を継続することを各編集者にはお願いをしているので，これから社会福祉を学ぼうとしている人びとや学生は，そのような視点で社会福祉を学べるものと思う。

　21世紀になり，社会福祉も「地域包括」や「自助，互助，共助，公助」と

いった考え方をベースにして展開が図られてきた。そのような流れの中で，社会福祉士や精神保健福祉士もソーシャルワーカーとしての働きを模索，展開してきたように思うし，ソーシャルワーカー養成も紆余曲折を経ながら今日に至ってきた。複雑多様化する生活問題の解決を，社会がソーシャルワーカーに期待する側面もますます強くなってきている。さらには，社会福祉の専門職である保育士や介護福祉士がソーシャルワークの視点をもって支援や援助を行い，社会福祉士や精神保健福祉士と連携や協働が必要な場面が増加している。それと同時に，社会福祉士や精神保健福祉士としての仕事を遂行するのに必要な知識や技術も複雑，高度化してきている。社会福祉士の養成教育の高度化が求められるのも当然である。

　このまえがきを執筆しているのは，2021年1月である。世の中は新型コロナが蔓延しているまっただ中にある。新型コロナは人びとの生活を直撃して，生活の困難が拡大している。生活の困難に対応する制度が社会福祉の制度であり，それを中心となって担うのが社会福祉の専門職である。各専門職がどのような役割を果たすのかが問われているように思う。

　新型コロナはいずれ終息するであろう。その時に，我々の社会や生活はどのような形になるのであろうか。人びとの意識はどのように変化しているのであろうか。また，そのような時代に社会福祉の専門職にはどのようなことが期待されるのであろうか。まだまだよくわからないのが本当であろうが，我々は社会福祉の立場でこれらをよく考えておくことも重要ではないかと思われる。

　2021年1月

監修者　杉本敏夫

はじめに

　1987年の「社会福祉士・介護福祉士法」制定から約40年，1997年の「精神保健福祉士法」制定から約30年が過ぎました。わたしたちの「暮らし」を取り巻く状況も時の流れとともに変化し，養成カリキュラムも「暮らし」の多様化に呼応するように幾度かの改訂を経て現在に至ります。

　2021年のカリキュラム改訂は，地域共生社会の実現を推進し，新たな福祉ニーズに対応できるソーシャルワークの専門職を養成するために行われました。新カリキュラムでは，社会福祉士・精神保健福祉士の養成科目の一部が再構築され共通化されています。両資格に必要な学びが共通科目として整備されたことは画期的な出来事でもありました。また，用語として「相談援助」が「ソーシャルワーク」へ変更されており，旧カリキュラムでは科目名称に見られなかった「ソーシャルワーク」が前面に打ち出されました。

　それぞれに活躍する場の違いはあっても，社会福祉士も精神保健福祉士もソーシャルワーカーであり，必要なこと，大切なことに変わりはありません。それは，誰かの暮らしを守り支えることです。多くの暮らしの中に安心や安全を届けることです。わたしたちは誰でも，ひとりひとりがかけがえのない一人の人として尊重され，すべての人が幸せになる権利を持っています。しかし，こうして「はじめに」を書いている今も，世界のどこかでは争いにより多くの命が失われています。日本のどこかでは，生きることのつらさに耐えられず，悲しみに暮れている誰かがいます。ソーシャルワーカーには一体何ができるのでしょうか。そのためにわたしたちは学び続ける必要があります。

　本書は，社会福祉士・精神保健福祉士養成カリキュラムに準拠して編纂されていますが，単に授業の「教科書」としてだけではなく，ソーシャルワーカーになるための学びとして，そして将来，ソーシャルワーカーとして再びページをめくっていただければ幸いです。

　2023年12月

編者　木村淳也

目　　次

第Ⅰ部

ソーシャルワークに係る
専門職の概念と範囲

第1章

ソーシャルワーク専門職の概念と範囲

　「ソーシャルワーカーは専門職か？」は，100年以上前から議論が重ねられている古くて新しいテーマである。本章では，ソーシャルワーク専門職（社会福祉士や精神保健福祉士）が専門職であるための要件について，属性モデル等を例に挙げ，いくつかの考え方から確認する。さらに，ソーシャルワーク専門職である社会福祉士や精神保健福祉士になるための資格制度やソーシャルワーク専門職の集団である職能団体を概観することで，日本におけるソーシャルワーク専門職の概念と範囲について学ぶ。

ミニワーク
　専門職と聞いたとき，あなたはどのような職業を思い浮かべるだろうか。思いつく限り書き出してみよう。

1　ソーシャルワーク専門職の成立条件

（1）「ソーシャルワーカーは専門職か？」

　1915年に第42回全米慈善矯正事業会議（National Conference of Charities and Correction）において，**フレックスナー**（A. Flexner）が行った講演で「ソーシャルワーカーは専門職か？」と題したものがある[1]。このテーマが今日まで議論の対象として取り上げられる一つの要因となった講演である。この中でフレックスナーは，医師を専門職のモデルとした属性モデルを提示し，ソーシャルワーカーは「専門職として確立していない」と指摘した。フレックスナーの講演から100年以上が経過した現在，ソーシャルワーカーは専門職になったのだろうか。本節では，職業分類や属性モデルから日本におけるソーシャルワーク専門職のありようについて確認する。

（2）職業分類からみるソーシャルワーク専門職

　専門職といわれる職業は，世の中に多くある。その中には公的に専門職として分類されている職業もあり，国勢調査の際に用いられる総務省統計局の「日本標準職業分類（平成21年12月統計基準設定）[2]」が職業分類として参考になる。

　この分類を参照すると，私たちが聞いたことのある職業（弁護士や理学療法士，医師や税理士など）が記載されており，ソーシャルワーカーは「社会福祉専門職業従事者」に分類されている。また，職業紹介事業等に用いられる「厚生労働省編職業分類（令和4年改定）[3]」において，ソーシャルワーカーは「福祉・介護の専門的職業」に分類されている。職業分類からみると，日本においてソーシャルワーカーは専門職と分類されていることがわかる。

（3）属性モデルからみるソーシャルワーク専門職

　属性モデルとは，専門職の特性を明確にし，要件を満たすことができれば専門職として認めることができるという考え方である。フレックスナーの指摘以降，1957年には**グリーンウッド**（E. Greenwood）が，1964年には**ミラーソン**

表1-1　属性モデルにおける専門職の要件

フレックスナー（A. Flexner）（1915）	グリーンウッド（E. Greenwood）（1957）
① 知は体系的で学習されうる性質 ② 実践性 ③ 自己組織化へ向かう傾向 ④ 利他主義的である ⑤ 責任を課された個人である ⑥ 教育的手段により伝達可能な技術がある	① 体系的理論 ② 専門職的権威 ③ 社会的承認 ④ 倫理綱領 ⑤ 専門職的副次文化（サブカルチャー）
ミラーソン（G. Millerson）（1964）	秋山智久（2007）
① 公衆の福祉という目的 ② 理論と技術 ③ 教育と訓練 ④ テストによる能力証明 ⑤ 専門職団体の組織化 ⑥ 倫理綱領	① 体系的な理論 ② 伝達可能な技術 ③ 公共の関心と福祉という目的 ④ 専門職の組織化（専門職団体） ⑤ 倫理綱領 ⑥ テストか学歴に基づく社会的承認

出所：秋山智久（2007）『社会福祉専門職の研究』ミネルヴァ書房，三島亜紀子（2007）『社会福祉学の〈科学〉性』勁草書房をもとに筆者作成。

表1-2　属性モデルにおける専門職の要件（仲村優一の整理による）

仲村優一（2009）
① 科学的理論に基づく専門の技術の体系を持つ ② 一定の教育と訓練が必要である ③ 一定の試験に合格して能力が実証されなければならない ④ 倫理綱領を守ることによって，その統一性が保たれる ⑤ 専門職の提供するサービスは，私益でなく公衆の福祉に資する ⑥ 社会的に認知された専門職団体として組織化されている

出所：日本社会福祉士会編（2009）『新社会福祉援助の共通基盤　上（第2版）』中央法規出版をもとに筆者作成。

（G. Millerson）が，そして日本においては2007（平成19）年に秋山智久が属性モデルにおける専門職の要件を示した[4]（表1-1）。

　2009（平成21）年には仲村優一が各論者の要件における共通項を整理しており（表1-2），日本におけるソーシャルワーカー（社会福祉士，精神保健福祉士）はこの6つの要件を満たしていることから専門職として考えることができる。

　しかし，要件を満たすことは専門職として最低限必要なことであって，重要なことは，ソーシャルワーク専門職一人ひとりが研鑽し専門性を高めることを

表1-3　プロセスモデルにおける専門職

A. カー－ソンダースら（A. Carr-Saunders & P. Willson）（1933）	
確立専門職（the established professions） 新専門職（the new professions） 準専門職（the semi-professions） 可能性専門職（the would-be professions）	医師，弁護士等 エンジニア，公認会計士等 看護師，ソーシャルワーカー等 セールスマネージャー等

出所：秋山智久（2007）『社会福祉専門職の研究』ミネルヴァ書房をもとに筆者作成。

通して社会における信用・信頼を確かなものにしていくことである。

（4）プロセスモデルからみるソーシャルワーク専門職

　属性モデルのように一定の概念（要件）によって固定的に限定されるものではなく，時代の流れによって内容が変化し発展し続ける（専門職にも段階がある[5]）という考えに基づいて専門職を捉える考え方もある。**カー－ソンダースら（A. Carr-Saunders & P. Willson）のプロセスモデルである**（表1-3）。

　この考え方において専門職は変化し続ける存在であり「社会の要請と自らの社会的な地位向上の欲求[6]」によってより高度な専門職に発展していこうとするとされており，ソーシャルワーク専門職のあり方も時代とともに常に変化し続けるものである。

2　ソーシャルワーク専門職の資格制度

（1）社会福祉士

　社会福祉士は1987（昭和62）年に成立した社会福祉士及び介護福祉士法に定められる国家資格である。同法第2条において以下のように定義されている。

　「社会福祉士」とは，（中略）社会福祉士の名称を用いて，専門的知識及び技術をもつて，身体上若しくは精神上の障害があること又は環境上の理由により日常生活を営むのに支障がある者の福祉に関する相談に応じ，助言，指導，福祉サービスを提供する者又は医師その他の保健医療サービスを提供する者その他の関係者（中略）との連絡及び調整その他の援助を行うこと（中

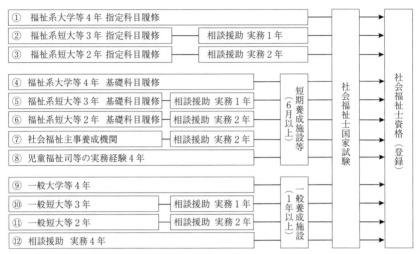

図1-1　社会福祉士の受験資格（資格取得ルート図）

出所：東京都保健福祉局東京都福祉人材情報バンクシステムふくむすび「社会福祉士（国家資格）」
（https://www.fukushijinzai.metro.tokyo.lg.jp/www/contents/1518499548751/　2023年12月27日閲覧）
をもとに筆者作成。

略）を業とする者をいう。

　社会福祉士の資格を得るためには国家試験に合格し資格者として登録することが必要である。国家試験の受験要件は図1-1の通り12パターンある。

　国家試験は，筆記試験の方法により実施されており，厚生労働大臣の指定を受けた公益財団法人社会福祉振興・試験センターが国家試験の実施および登録の事務をしている。

（2）精神保健福祉士

　精神保健福祉士は，1997（平成9）年に成立した精神保健福祉士法に定められる国家資格である。同法第2条において以下のように定義されている。

　「精神保健福祉士」とは，（中略）精神保健福祉士の名称を用いて，精神障害者の保健及び福祉に関する専門的知識及び技術をもって，精神科病院その

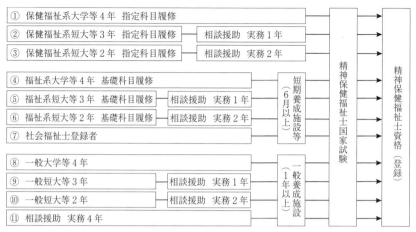

図1-2　精神保健福祉士の受験資格（資格取得ルート図）

出所：東京都保健福祉局東京都福祉人材情報バンクシステムふくむすび「精神保健福祉士（国家資格）」
（https://www.fukushijinzai.metro.tokyo.lg.jp/www/contents/1518500926556/　2023年12月27日閲覧）
をもとに筆者作成。

　他の医療施設において精神障害の医療を受け，又は精神障害者の社会復帰の
促進を図ることを目的とする施設を利用している者の地域相談支援（中略）
の利用に関する相談その他の社会復帰に関する相談に応じ，助言，指導，日
常生活への適応のために必要な訓練その他の援助を行うこと（中略）を業と
する者をいう。

　精神保健福祉士の資格を得るためには国家試験に合格し資格者として登録す
ることが必要である。国家試験の受験要件は図1-2の通り11パターンある。
　国家試験は，筆記試験の方法により実施されており，厚生労働大臣の指定を
受けた公益財団法人社会福祉振興・試験センターが国家試験の実施および登録
の事務をしている。

3　ソーシャルワーク専門職と職能団体

（1）日本社会福祉士会

　日本社会福祉士会（Japanese Association of Certified Social Workers：JACSW）は，1993（平成5）年に任意団体として設立され，1996（平成8）年に社団法人格を取得し，2014（平成26）年に公益財団法人に移行した社会福祉士の職能団体である。

　日本社会福祉士会の目的は，「社会福祉士の倫理を確立し，専門的技能を研鑽し，社会福祉士の資質と社会的地位の向上に努めるとともに，都道府県社会福祉士会と協働して人々の生活と権利の擁護及び社会福祉の増進に寄与すること」である（日本社会福祉士会定款第5条）[7]。

（2）日本精神保健福祉士協会

　日本精神保健福祉士協会（Japanese Association of Mental Health Social Workers：JAMHSW）は，1964（昭和39）年に設立された日本精神医学ソーシャル・ワーカー協会を母体に，1999（平成11）年「日本精神保健福祉士協会」に名称変更され，2013（平成25）年に公益財団法人に移行した精神保健福祉士の職能団体である。

　協会の目的は，「精神保健福祉士の資質の向上を図るとともに，精神保健福祉士に関する普及啓発等の事業を行い，精神障害者の社会的復権と福祉のための専門的・社会的活動を進めることにより，国民の精神保健福祉の増進に寄与すること」である（日本精神保健福祉士協会定款第3条）[8]。

（3）日本ソーシャルワーカー協会

　日本ソーシャルワーカー協会（Japanese Association of Social Workers：JASW）は，1960（昭和35）年に設立され，2005（平成17）年に法人として認証を受けたソーシャルワーク専門職の職能団体である。

　協会の目的は，「ソーシャルワークが展開できる社会システムづくりに関心

を持つすべての人々を対象として，会報，出版，ホームページなどによる普及啓発事業，ソーシャルワーク実践に関する調査研究事業，社会福祉及びソーシャルワークに関するセミナー，各種研修会事業や同種の目的を有する国内外の団体とのネットワーク構築事業で，広範な人々や関係機関と協働を深めながら社会福祉の向上発展に寄与すること」である（日本ソーシャルワーカー協会定款第3条⁽⁹⁾）。

（4）日本医療ソーシャルワーカー協会

　日本医療ソーシャルワーカー協会（Japanese Association of Social Workers in Health Services：JASWHS）は，1953（昭和28）年に日本医療社会事業家協会として設立され，1964（昭和39）年に社団法人，2011（平成23）年に公益財団法人に移行したソーシャルワーク専門職の職能団体である。

　協会の目的は，「保健医療分野における福祉サービスの充実及び向上を図り，あらゆる地域において社会福祉士による福祉サービスが提供される環境を整備するため，保健医療分野における社会福祉に関する調査研究及び社会福祉活動の普及啓発と保健医療に携わる社会福祉士の専門的知識及び技術の向上に努め，もって公衆衛生の向上並びに社会福祉の増進に寄与すること」である（日本医療ソーシャルワーカー協会定款第3条⁽¹⁰⁾）。

（5）日本スクールソーシャルワーク協会

　日本スクールソーシャルワーク協会（School Social Work Association of Japan：SSWAJ）は，1999（平成11）年に設立され，2005（平成17）年に法人として認証を受けたソーシャルワーク専門職の職能団体である。

　協会の目的は，「一般市民を対象に，子どもと学校，家庭，地域との関係を再構築するため，スクールソーシャルワークの基本理念（中略）に基づき，子どもたち及び家庭に対する相談事業，学校・家庭・地域社会など子どもを取り巻く人々や社会環境における研修事業等の働きかけを行い，もって子どもたちの健全育成に寄与すること」である（日本スクールソーシャルワーク協会定款第3条⁽¹¹⁾）。

4　時代とともに成長するソーシャルワーク専門職として

　厚生労働省社会保障審議会（福祉部会福祉人材確保専門委員会）「ソーシャルワーク専門職である社会福祉士に求められる役割等について」（2018）において「社会福祉士には，ソーシャルワークの専門職として，地域共生社会の実現に向け，多様化・複雑化する地域の課題に対応するため，他の専門職や地域住民との協働，福祉分野をはじめとする各施設・機関等との連携といった役割を担っていくこと[12]」が期待されると記されている。

　その一方，「社会福祉士が果たしている役割や活動等については，養成団体や職能団体等が中心となって周知を行っているが，社会福祉士は多様な施設・機関において様々な職種や職名で勤務し，ソーシャルワーク以外の業務も行っている場合もある等の理由から，社会福祉士の専門性や役割が分かりにくいものになっているのではないか[13]」との指摘も記されている。

　このことは，ソーシャルワーク専門職が専門職の要件を備えているにもかかわらず，専門職として十分に成熟しきれていないとの指摘であると受け止めることもできる。ソーシャルワーク専門職は，社会からの期待に応えるためにも，資質や能力向上のための個人による自己研鑽を行うことはもとより，職能団体における研修や活動を組織的により充実させる必要もあるだろう。

　本章では属性モデルを中心に専門職についてまとめたが，専門職の要件を満たすことがゴールではない。ソーシャルワーク専門職は，常に成長し続ける専門職として，人々の暮らしと生活課題にしなやかに対応できる専門性を高め続ける必要があることを忘れずにいてほしい。

注
(1)　三島亜紀子（2007）『社会福祉学の〈科学〉性』勁草書房，1〜10頁。
(2)　「日本標準職業分類（平成21年12月統計基準設定）」（https://www.soumu.go.jp/
　　toukei_toukatsu/index/seido/shokgyou/21index.htm　2023年3月3日閲覧）。
(3)　「厚生労働省編職業分類（令和4年改定）」（https://www.hellowork.mhlw.go.jp/

doc/r4_syokugyoubunrui.pdf　2023年3月3日閲覧）。
(4)　秋山智久（2007）『社会福祉専門職の研究』ミネルヴァ書房，84～87頁。
(5)　(4)と同じ，90～91頁。
(6)　日本社会福祉士会編（2009）『新社会福祉援助の共通基盤　上（第2版）』中央法規出版，3頁。
(7)　「公益社団法人日本社会福祉士会定款」（https://www.jacsw.or.jp/introduction/kokaijoho/documents/teikan.pdf　2023年3月3日閲覧）。
(8)　「公益社団法人日本精神保健福祉士協会定款」（https://www.jamhsw.or.jp/syokai/teican.htm　2023年3月3日閲覧）。
(9)　「特定非営利活動法人日本ソーシャルワーカー協会定款」（http://www.jasw.jp/about/outline/pdf/teikan_2023.pdf　2023年3月3日閲覧）。
(10)　「公益社団法人日本医療ソーシャルワーカー協会定款」（https://www.jaswhs.or.jp/images/NewsPDF/NewsPDF_M8bnYsKEUiQ9exA5_1.pdf　2023年3月3日閲覧）。
(11)　「特定非営利活動法人日本スクールソーシャルワーク協会定款」（https://sswaj.org/wp-content/uploads/2019/06/TEIKAN2016.pdf　2023年3月3日閲覧）。
(12)　厚生労働省社会保障審議会（福祉部会福祉人材確保専門委員会）（2018）「ソーシャルワーク専門職である社会福祉士に求められる役割等について」（https://www.mhlw.go.jp/stf/shingi2/0000199561.html　2023年3月3日閲覧）1頁。
(13)　(12)と同じ，14頁。

学習課題
①　ソーシャルワーカーは専門職であると思いますか。考えてみよう。
②　ソーシャルワーカーが専門職であるための要件について振り返ろう。

キーワード一覧表

□　フレックスナー（A. Flexner）　1915年，専門職が成立する属性を挙げ，「ソーシャルワーカーは専門職とはいえない」とした。　3

□　グリーンウッド（E. Greenwood）　1957年，専門職の属性を5つにまとめ，「ソーシャルワーカーはすでに専門職である」とした。　3

□　ミラーソン（G. Millerson）　1964年，専門職の属性を6つにまとめ，「テストによる能力証明の必要性」を主張した。　3

□　カー‐ソンダースら（A. Carr-Saunders & P. Willson）　専門職は変化し続ける存在であり「社会の要請と自らの社会的な地位向上の欲求」により発展しようとするとした。　5

第2章

ソーシャルワーカーの職域

今日，社会が大きく変動し，人々が生きていく営みの中で直面する困難はより複雑化している。個人が抱える生活問題の背景には，何らかの社会的・環境的・構造的な要因が関係しており，その解決や改善のためにはジェネラリスト・ソーシャルワークが求められている。そのためソーシャルワークの専門職である社会福祉士・精神保健福祉士の活躍の分野や職域は拡大し，またソーシャルワーカーが担う役割も広がりをみせている。

本章では，現代社会においてソーシャルワーカーがなぜ求められているのかを確認しながら，職域が拡大しながらも変わらず大切にしなければならないことは何かについて考えていく。

ミニワーク

① わが国においてソーシャルワーカーの存在はあまり浸透しておらず，認知度は低い。その理由について考えてみよう。

（　　　　　　　　　　　　　　　　　　　　　　　　　　　）

② あなたがこれまでに出会ったソーシャルワーカーは，①どこで，②どのような支援をしていましたか。簡単にまとめてみよう。

（　　　　　　　　　　　　　　　　　　　　　　　　　　　）

1　社会福祉士の職域と役割

（1）社会福祉士の配置と職域

　社会福祉士は，「社会福祉士及び介護福祉士法」に基づく名称独占の国家資格である。2023（令和5）年10月末現在，社会福祉士の登録者数は，28万7602名となっている。

　公益財団法人社会福祉振興・試験センターによる社会福祉士の就労状況調査[1]をみると，福祉・介護・医療等の分野における社会福祉士の就労状況は表2-1の通りである。

　社会福祉士の特性の一つとして，「**業務独占**」ではなく「**名称独占**」の資格であることが挙げられる。つまり，社会福祉士でなくても社会福祉士領域の相談援助の仕事に従事することはできるが，社会福祉士の資格を有さない者は社会福祉士を名乗って仕事をすることができないということである。この名称独占であることが，社会福祉士の存在が社会的にも認知されない一つの要因として挙げられるが，「社会福祉の担い手が極めて広範にわたり，多様な人材によって支えられていること[2]」がこの資格が名称独占となっている理由とされている。

　しかし，近年では名称独占でありながらも，限定的な業務独占としての動きもみられるようになってきた。たとえば，2006（平成18）年に創設された地域

表2-1　社会福祉士の就労状況

分　野	人（%）	分　野	人（%）
高齢者福祉関係	30,510人（39.3%）	学校関係	770人（1.0%）
障害者福祉関係	13,678人（17.6%）	生活保護関係	514人（0.7%）
医療関係	11,727人（15.1%）	就労支援関係	503人（0.6%）
地域福祉関係	6,539人（8.4%）	生活困窮者自立支援関係	410人（0.5%）
児童・母子福祉関係	6,339人（8.4%）	司法関係	278人（0.4%）
行政関係	5,202人（6.7%）	その他	1,018人（1.3%）

出所：公益財団法人社会福祉振興・試験センター「社会福祉士・介護福祉士・精神保健福祉士　就労状況調査（令和2年度）結果報告書」。

包括支援センターへの社会福祉士の設置はその代表的なものである。行政や病院などのソーシャルワーカーの採用においても社会福祉士の資格を有していることを条件としていることも多くなってきていることから，今後は社会福祉士でなければ従事できない業務が広がっていくことが予想される。

（2）社会福祉士の職域の拡大

　人は生きていく営みにおいてさまざまな困難に遭遇する可能性を持っている。それらは，ライフサイクルの中であらかじめ予測できる困難と，災害や事故など偶発的に起こる困難に分けられる。

　日々さまざまな出来事に対処しながら暮らしは営まれているが，周囲の人の力を借りたり，自分の持つ力，人とのつながり，目標や夢などにも影響を受けながら日常が成り立っている。しかし，これまでの知識や対処方法では手に負えないことがある。個人や家族の中の資源（身体的健康度や収入，住居等々）の急変や，障害児の誕生，中途障害，慢性的な疾患による長期間の入院，寝たきり状態など健康上の大きな変化，離婚や母子世帯等の家族構成の変化，高齢になってからの一人暮らし，災害などによる生活崩壊などさまざまである。

　こうした困難は，本人の問題によって生み出されるものではない。産業構造，労働形態，地域のつながりの衰退といった社会環境や自然の猛威によって引き起こされるものである。そして，こうした問題はこれからも新しい問題を生み出していくことになる。したがって，社会福祉士の領域は何か特定のものに限定されるものではなく，人々の営みの中で直面する問題があればそれが支援の対象なのである。図2-1は，暮らしの困難を生じさせる出来事である。こうした，①子どもの暮らしの課題，②病気やケガのある人の暮らしの課題，③障害のある人の暮らしの課題，④地域で暮らす人の福祉課題，⑤犯罪被害者と罪を犯した人の暮らしの課題，⑥高齢者の暮らしの課題，⑦自然災害からの生活再編の課題，⑧差別や偏見をなくしていく課題，⑨孤立を生み出す社会の課題，⑩心の健康を守る課題など，社会福祉士に求められる役割は多様な領域への拡大がある。

図2-1　暮らしの困難を生じさせる出来事

出所：鈴木孝典・鈴木裕介編著（2023）『図解でわかるソーシャルワーク』中央法規出版，17頁より。

2　精神保健福祉士の職域と役割

（1）精神保健福祉士の配置と役割

　精神保健福祉士は，「精神保健福祉士法」に基づく名称独占の国家資格である。厚生労働省によると，2023（令和5）年10月末現在，精神保健福祉士の登録者数は，10万3876名となっている。

　公益財団法人社会福祉振興・試験センターによる精神保健福祉士の就労状況調査をみると，福祉・教育・医療等の分野における精神保健福祉士の配置状況は表2-2の通りである。

表2-2　精神保健福祉士の配置状況

医療 7,128人	
○病院	4,001人
○一般診療所	711人
※精神科以外の医療機関	2,416人

教育 1,268人	
○学校教育関係	1,268人
小中学校 362人　高等学校 108人	
大学、短大等 505人	
その他 293人	

福祉 15,753人		
○障害者福祉関係 7,459人	○高齢者福祉関係 4,645人	○児童・母子福祉関係 1,610人
身体障害者更生相談所 15人	介護老人福祉施設 938人	児童相談所 335人
知的障害者更生相談所 26人	介護老人保健施設 400人	乳児院・児童養護施設・母子生活支援施設
障害者支援施設 2,183人	介護医療院、介護療養型医療施設	217人
基幹相談支援センター 320人	58人	児童家庭支援センター 87人
相談支援事業所 1,631人	居宅サービス事業所 324人	障害児施設（入所・通所） 453人
就労支援事業所 1,876人	地域密着型サービス事業所 342人	障害児相談支援事業所 55人
その他障害福祉サービス事業所 964人	居宅介護支援事業所 961人	保育所 123人
その他 444人	地域生活支援センター 1,125人	子育て世代包括支援センター 28人
○地域福祉関係 1,603人	その他 497人	婦人保護施設 15人
福祉事務所 312人		その他 297人
都道府県社会福祉協議会 75人	○生活保護関係 254人	○生活困窮者自立支援関係 182人
市区町村社会福祉協議会 1,091人	保護施設 176人	ひきこもり地域支援センター 19人
独立型精神保健福祉士事務所 31人	無料定額宿泊所 10人	その他 163人
その他 94人	その他 68人	

行政機関等 4,078人		
○行政機関 3,299人	○司法関係 234人	○就業支援関係 545人
都道府県庁 99人	矯正施設 54人	公共職業安定所 178人
精神保健福祉センター 195人	保護観察所、地方更生保護委員会	障害者職業センター 58人
保健所・保健センター 786人	100人	障害者就業・生活支援センター
区役所（特別区） 304人	更生保護施設 30人	137人
市役所、町村役場 1,650人	地域生活定着支援センター 19人	その他 172人
その他 265人	その他 31人	

出所：第1回精神保健福祉士国家試験の在り方に関する検討会「資料3　精神保健福祉士の現状」（令和3年7月27日）（https://www.mhlw.go.jp/content/12200000/000820575.pdf　2023年4月15日閲覧）。

　精神保健福祉士は，精神障害者に対するソーシャルワークを主な業務としており，略語でPSW（Psychiatric Social Worker）と呼ばれる。精神科病院，精神科やその他心療内科などの医療機関，精神障害者の社会生活を支援する関連の施設，さらに近年では司法福祉，教育機関，行政などでも活躍をしており，メンタルヘルスなどの課題についても支援を行っている。

（2）精神保健福祉士の職域の拡大

　2013（平成25）年に精神保健及び精神障害者福祉に関する法律が大幅に改正された。主な改正点として，これまで精神障害者に治療を受けさせる義務などが課せられていた規定が削除された。その他，「医療保護入院者の退院後の生活環境に関する相談及び指導を行う者」（退院後生活環境相談員）として精神保健福祉士らを選任すること，地域援助事業を紹介するよう努めることが加えら

れた（第33条の4）。

　さらに，司法，産業メンタルヘルス，教育，自殺予防などでもその活躍が期待されている。

　司法分野では，心神喪失等の状態で重大な他害行為を行った者の医療及び観察等に関する法律の枠組みでの精神保健福祉士の役割がある。社会復帰調整官になる要件に「精神保健福祉士その他の精神障害者の保健及び福祉に関する専門知識を有する者」と定めている（第20条）。精神保健参与員は，地方裁判所が「精神保健福祉士その他精神障害者の保健及び福祉に関する専門的知識及び技術を有する者」の名簿から処遇事件ごとに選任することになっている（第36条）。

　また，産業メンタルヘルスの分野に従事する精神保健福祉士は，EAP（Employee Assistance Program）という従業支援プログラムなどで労働者のメンタルヘルス対策に携わっている。2015（平成27）年に労働安全衛生法が一部改正され，従業員50人以上の授業所にはストレスチェックが義務化された。この実施者に精神保健福祉士が含まれている。

3　ソーシャルワーカーのこれから

（1）ソーシャルワーカーに求められる機能

　窪田は，「人が人であることの優れた証は，新しい事態やそれまでの知恵では及ばない出来事に直面したときに，積み重ねてきた過去の記憶，工夫と力とすべてを総合しつつ，さらに新しい知恵と力を加えてそれを乗り越えることが可能なのだ」と述べる。こうした前提に立ち，大きな困難の渦中にあっても人は「勇気を失わず，粘り強く時を待ち，新たな家族関係や，隣人や，新薬に巡り合い，再び元気を取り戻していく」と述べている。[4] 人間が生きていくうえの困難，悲しみ，苦しさ，怒り，そうしたものに立ち向かう力は常に人間が生み出すものであり，ソーシャルワーカーには具体的な日常生活の支援にあわせて人がもつエネルギーの種に水を注ぎ，育てるという役割がある。その深さに通じる回路の存在をはるかにみながら，今日の時代における新しい貧困，社会的孤立，差別，矛盾，それらへの怒り，社会正義の主張と結びながら解決に向け

図 2-2　地域社会における福祉的課題

出所：鈴木孝典・鈴木裕介編著（2023）『図解でわかるソーシャルワーク』中央法規出版，13頁より一部筆者改変。

ての具体的な取り組みを行うことが求められる。

　ソーシャルワーカーの倫理綱領の前文には以下のように示されている。

　われわれソーシャルワーカーは，すべての人が人間としての尊厳を有し，価値ある存在であり，平等であることを深く認識する。われわれは平和を擁護し，社会正義，人権，集団的責任，多様性尊重および全人的存在の原理に則り，人々がつながりを実感できる社会への変革と社会的包摂の実現をめざす専門職であり，多様な人々や組織と協働することを言明する。

　21世紀，社会が大きく変動し，しかもそれらの変動の速度がこれまでの予測をはるかに超えて進んでいる。その中にあって社会にはごみ屋敷，ヤングケアラー，8050問題，ダブルケアなどの新しい問題が認識されるようになり，いわゆる既存の制度では対応ができない「制度の狭間」の問題と呼ばれる課題も顕在化してきた（図2-2）。ソーシャルワーカーはクライエントが直面する複雑

な問題に対して適切な支援を届けなければならない。そのため，これまでの福祉制度の枠内で人を支える発想から脱却し，地域のあらゆる資源・分野の枠を超え，社会全体で人々の暮らしを支えるシステム作りへの転換が求められる。

（2）ソーシャルワーカーの職域の拡大

　表2-3は，社会福祉の分野や領域でソーシャルワーク実践を担う具体的な職種や職場について整理したものである。社会福祉の領域のみならず，医療・保健，介護，教育，さらには学校や刑務所など多岐にわたる分野や領域，場所において社会福祉士・精神保健福祉士などのソーシャルワークを担う専門職が

表2-3　ソーシャルワークとしての実践が求められる主な職種と職場（施設・機関）

社会福祉の分野	ソーシャルワークを行う主な職種	ソーシャルワークが実践されている主な職場
低所得者／生活困窮者福祉	査察指導員，現業員（ケースワーカー），生活支援員，作業指導員，就労指導員，相談支援員など	福祉事務所，社会福祉協議会，救護施設，更生施設，医療保護施設，授産施設，宿所提供施設，生活困窮者自立相談支援機関，地域若者サポートステーションなど
障害者福祉	身体障害者福祉司，知的障害者福祉司，ケースワーカー（更生相談所相談員），生活支援員，作業指導員，職業指導員，職場適応援助者（ジョブコーチ），相談支援専門員など	福祉事務所，身体障害者更生相談所，知的障害者更生相談所，精神保健福祉センター，社会福祉協議会，地域障害者職業センター，障害者就業・生活支援センター，障害者総合支援法に規定される各サービスの提供や各種事業を行う事業所や施設など
高齢者福祉	老人福祉指導主事，生活相談員，介護支援専門員（ケアマネジャー），各機関のソーシャルワーカーなど	福祉事務所，社会福祉協議会，地域包括支援センター，養護老人ホーム，特別養護老人ホーム，軽費老人ホーム，老人デイサービスセンターなど
児童福祉	児童福祉司，家庭児童福祉主事，児童指導員，児童生活支援員，職業指導員，児童自立支援専門員，家庭支援専門相談員（ファミリーソーシャルワーカー）など	児童相談所，福祉事務所（家庭児童相談室），児童館，児童家庭支援センター，社会福祉協議会，児童養護施設，児童自立支援施設，障害児入所施設，児童発達支援センター，児童心理治療施設など
母子・父子福祉	母子指導員，母子・父子自立支援員，少年補導員など	児童相談所，福祉事務所，社会福祉協議会，母子生活支援施設，母子・父子福祉センター，母子・父子休養ホームなど
医療福祉	医療ソーシャルワーカー（MSW），精神科ソーシャルワーカー（PSW）	福祉事務所，保健所，精神保健福祉センター，一般病院，専門病院，診療所，精神科病院，

	など	精神科診療所など
教育福祉	スクールソーシャルワーカー(SSW)など	児童相談所，教育委員会，小学校，中学校，高等学校，特別支援学校，大学など
司法福祉	家庭裁判所調査官，保護観察官，法務教官，婦人相談員，社会復帰調整官など	児童相談所，家庭裁判所，保護観察所，婦人相談所，少年鑑別所，少年院，婦人保護施設，刑務所，地域生活定着支援センターなど
地域福祉(包括的支援)	福祉活動指導員，福祉活動専門員，コミュニティソーシャルワーカー(CSW)，日常生活自立支援事業専門員など	社会福祉協議会，地域包括支援センター，生活困窮者自立相談支援機関，ひきこもり地域支援センターなど

出所：空閑浩人（2021）「多様な組織・機関・団体における専門職」日本ソーシャルワーク教育学校連盟編『ソーシャルワークの基盤と専門職［共通・社会専門］』中央法規出版，228頁。

活躍することが期待されている。

　このように，今後もソーシャルワーカーの職域の拡大が予想される。これまでは，高齢者や障害者，子どもの福祉などそれぞれの分野に精通したスペシャリストのソーシャルワーカーの配置が一般的であった。しかし，人々が抱える困難がより複雑になり多様化し，変化する中では，特定の分野だけではなく幅広い知識や技能，経験などを備え，多面的な視野によって柔軟に対応できる，ジェネラリスト・ソーシャルワークが求められている。ケースワーク，グループワーク，コミュニティワークといった支援対象によって区別されてきた伝統的な手法・方法を乗り越え，ジェネラリストとしての包括的で総合的な視座による支援が不可欠となっている。

注
(1)　公益財団法人社会福祉振興・試験センター「社会福祉士・介護福祉士・精神保健福祉士　就労状況調査（令和2年度）結果報告書」。
(2)　岩間伸之（2009）「社会福祉士の役割と意義」社会福祉士養成講座編『相談援助の基盤と専門職』中央法規出版，2頁。
(3)　(1)と同じ。
(4)　窪田暁子（2013）『福祉援助の臨床――共感する他者として』誠信書房，227頁および232〜233頁。

学習課題
① 現代社会においてソーシャルワーカーは「なぜ必要なのか」をまとめてみよう。
② 今後，ソーシャルワーカーの活動が想定される領域・課題にはどのような内容が
　あるのか考えてみよう。

キーワード一覧表

☐　**社会福祉士**　社会福祉士の名称を用いて，専門的知識及び技術をもって，身体
　　上若しくは精神上の障害があること又は環境上の理由により日常生活を営む
　　のに支障がある者の福祉に関する相談に応じ，助言，指導，福祉サービスを
　　提供する者又は医師その他の保健医療サービスを提供する者その他の関係者
　　との連絡及び調整その他の援助を行うことを業とする者をいう。社会福祉士
　　及び介護福祉士法に規定された国家資格。　　　　　　　　　　　　　13
☐　**業務独占**　資格がなければその業務を行うことができない。違反した場合には
　　刑罰の対象となる。　　　　　　　　　　　　　　　　　　　　　　13
☐　**名称独占**　資格がなくても，その業務は行えるが，名称を名乗ってはならない。
　　　　　　　　　　　　　　　　　　　　　　　　　　　　　　　　13
☐　**精神保健福祉士**　精神保健福祉士の名称を用いて，精神障害者の保健及び福祉
　　に関する専門的知識及び技術をもって，精神科病院その他の医療施設におい
　　て精神障害の医療を受け，又は精神障害者の社会復帰の促進を図ることを目
　　的とする施設を利用している者の地域相談支援の利用に関する相談その他の
　　社会復帰に関する相談に応じ，助言，指導，日常生活への適応のために必要
　　な訓練その他の援助を行うことを業とする者をいう。精神保健福祉法に規定
　　された国家資格。　　　　　　　　　　　　　　　　　　　　　　　15
☐　**PSW**　Psychiatric Social Worker の略。精神保健福祉士，精神科ソーシャル
　　ワーカー。　　　　　　　　　　　　　　　　　　　　　　　　　　16
☐　**ジェネラリスト・ソーシャルワーク**　従来のソーシャルワークの手法を統合し，
　　総合的な視点で援助を行う考え方。利用者本人が主体であることや，地域や
　　家族など利用者を取り巻く環境との関わりを重視し，相互に作用しながら問
　　題解決を目指す。　　　　　　　　　　　　　　　　　　　　　　　20

第3章

福祉行政等におけるソーシャルワーク専門職

　福祉行政を担う実施機関は，地域住民の福祉をつかさどる①福祉事務所，子どもの権利を守る②児童相談所，身体障害者の自立と社会参加を支援する③身体障害者更生相談所，知的障害者の自立と社会参加を支援する④知的障害者更生相談所，困難な問題を抱える女性を支援する⑤女性相談支援センターに大きく分けられる。これら5つの行政機関やそこで働く福祉専門職について以下で解説していく。

ミニワーク
　福祉行政を担う，①福祉事務所，②児童相談所，③身体障害者更生相談所，④知的障害者更生相談所，⑤女性相談支援センターの役割についてそれぞれ調べてみよう。

1　福祉事務所

（1）福祉事務所の概要

　福祉事務所は，社会福祉法第14条に規定されている「**福祉に関する事務所**」をいい，都道府県および市（特別区を含む）は設置が義務づけられており，町村は設置が任意となっている。福祉事務所の設置状況としては表3－1の通りである。

　主な業務に関する法律については，都道府県が設置する福祉事務所は，「生活保護法，児童福祉法及び母子及び父子並びに寡婦福祉法に定める援護又は育成の措置に関する事務のうち都道府県が処理することとされているものをつかさどる」（社会福祉法第14条第5項）とされており，市町村が設置する福祉事務所は，「生活保護法，児童福祉法，母子及び父子並びに寡婦福祉法，老人福祉法，身体障害者福祉法及び知的障害者福祉法に定める援護，育成又は更生の措置に関する事務のうち市町村が処理することとされているもの（政令で定めるものを除く。）をつかさどる」（社会福祉法第14条第6項）とされている。

　福祉事務所に配置されている職員は，所長をはじめとして，現業員（ケースワーカー），査察指導員（スーパーバイザー），社会福祉主事，老人福祉指導主事が配置されており，その他に身体障害者福祉司，知的障害者福祉司等の職員が配置されることもある。

（2）福祉事務所における主な専門職の概要

　現業員はケースワーカーや地区担当員とも呼ばれ，所長からの指揮監督を受け，援護や育成，更生の措置を要する者等の家庭を訪問または訪問しないで，面接し，本人の資産，環境等を調査し，保護その他の措置の必要の有無およびその種類を判断し，本人に対し生活指導を行う等の事務をつかさどる（社会福祉法第15条第4項）。また，現業員には社会福祉主事の資格が必要である。

　査察指導員はスーパーバイザーとも呼ばれ，所長の指揮監督を受け，現業事務の指導監督をつかさどる（社会福祉法第15条第3項）。

表 3-1　福祉事務所の設置状況（2022年 4 月 1 日現在）

設置主体	都道府県	一般市 （特別区含む）	政令・中核市	町　村	計
設置自治体数	45	733	82	46	906
福祉事務所数	205	742	257	46	1,250

出所：厚生労働省「福祉事務所」（https://www.mhlw.go.jp/stf/seisakunitsuite/bunya/hukushi_kaigo/seikatsuhogo/fukusijimusyo/index.html　2023年 4 月15日閲覧）。

　社会福祉主事の職務内容としては，都道府県においては生活保護法，児童福祉法，母子及び父子並びに寡婦福祉法に定める援護または育成の措置に関する事務を行い（社会福祉法第18条第 3 項），市町村においては生活保護法，児童福祉法，母子及び父子並びに寡婦福祉法，老人福祉法，身体障害者福祉法及び知的障害者福祉法に定める援護，育成または更生の措置に関する事務を行う（社会福祉法第18条第 4 項）。

　なお，**社会福祉主事**は，都道府県知事または市町村長の補助機関である職員である。18歳以上で，人格高潔，思慮円熟，社会福祉の増進に熱意があり，かつ以下の条件を満たす者から任用される（社会福祉法第19条）。

①　学校教育法（昭和22年法律第26号）に基づく大学，旧大学令（大正 7 年勅令第388号）に基づく大学，旧高等学校令（大正 7 年勅令第389号）に基づく高等学校又は旧専門学校令（明治36年勅令第61号）に基づく専門学校において，厚生労働大臣の指定する社会福祉に関する科目を修めて卒業した者（当該科目を修めて同法に基づく専門職大学の前期課程を修了した者を含む）
②　都道府県知事の指定する養成機関又は講習会の課程を修了した者（養成機関及び講習会の指定に関し必要な事項は政令で定める）
③　社会福祉士
④　厚生労働大臣の指定する社会福祉事業従事者試験に合格した者
⑤　①～④に掲げる者と同等以上の能力を有すると認められる者として厚生労働省令で定めるもの

　老人福祉指導主事は，老人福祉法の規定により福祉事務所への配置が，都道府県においては任意（老人福祉法第 7 条），市町村においては義務（老人福祉法第 6 条）となっている社会福祉主事で，老人の福祉に関する業務を行う所員の名

称を指す。業務内容としては，福祉事務所の所員に対し，老人の福祉に関する技術的な指導を行い，また，老人の福祉に関する情報提供や相談，調査，指導のうち専門的技術を必要とする業務を行うこととされている（老人福祉法第6条）。

2　児童相談所

（1）児童相談所の概要

　児童相談所は，児童福祉法第12条により設置された機関で，都道府県・指定都市・児童相談所設置市は設置が義務づけられており，中核市・特別区は任意設置となっている。

　児童相談所の主な業務内容としては，子どもの養護や保健，また障害や非行，育成に関する相談といった，児童の福祉に関する多様な幅広い問題について家庭その他からの相談に応じるといったことが挙げられる。また専門的な知識および技術を必要とする児童や家庭への指導援助，児童およびその家庭に対する調査並びに医学的，心理学的，教育学的，社会学的および精神保健上の判定・児童およびその保護者に対する指導・児童の一時保護・里親への相談支援等も挙げられる。

　特徴としては，児童や保護者等の相談に応じて専門機関の立場で指導援助する援助機能と，児童や保護者の意向にかかわらず必要に応じて介入する行政的機能（職権一時保護や立入調査，臨検等）の両者を併せ持っており，児童福祉行政における第一線の機関であるといえる。

　児童相談所に配置される主な専門職としては，所長のほか，ソーシャルワーカーである児童福祉司，児童心理司，医師，児童指導員，保育士等が配置されている。

　このように児童相談所では専門職がチームとなり必要に応じて児童の一時保護や施設入所，里親委託などの措置を行うとともに，児童虐待対応だけにとどまらず，養護相談，保健相談，障害相談，非行相談，育成相談などさまざまな対応を行っている（表3-2）。

表 3 - 2　児童相談所が持つ機能

機　能		内　　容
相談機能	養護相談	保護者等の家出，失踪，死亡，離婚，入院，稼働及び服役などによる養育困難児，棄児，迷子，虐待を受けた子ども，後見人を持たぬ児童など環境的問題を有する子ども等に関する相談。
	保健相談	未熟児，虚弱児，内部機能障害，小児喘息，その他の疾患（精神疾患を含む）等を有する子どもに関する相談。
	肢体不自由相談	肢体不自由児，運動発達の遅れに関する相談。
	視聴覚障害相談	盲（弱視を含む），ろう（難聴を含む）等視聴覚障害児に関する相談。
	言語発達障害相談	構音障害，吃音，失語等音声や言語の機能障害をもつ子ども，言語発達遅滞，学習障害や注意欠陥多動性障害等発達障害を有する子ども等に関する相談（ことばの遅れの原因が知的障害，自閉症，しつけ上の問題等他の相談種別に分類される場合はそれぞれのところに入れる）。
	重症心身障害相談	重症心身障害児（者）に関する相談。
	知的障害相談	知的障害児に関する相談。
	自閉症等相談	自閉症若しくは自閉症と同様の症状を呈する子どもに関する相談。
	ぐ犯等相談	虚言癖，浪費癖，家出，浮浪，乱暴，性的逸脱等のぐ犯行為を若しくは飲酒，喫煙等の問題行動のある子ども，警察署からぐ犯少年として通告のあった子ども，又は触法行為があったと思料されても警察署から法第25条による通告のない子どもに関する相談。
	触法行為等相談	触法行為があったとして警察署から児童福祉法第25条による通告のあった子ども，犯罪少年に関して家庭裁判所から送致のあった子どもに関する相談。（受け付けた時には通告がなくとも調査の結果，通告が予定されている子どもに関する相談についてもこれに該当する。）
	性格行動相談	子どもの人格の発達上問題となる反抗，友達と遊べない，落ち着きがない，内気，緘黙，不活発，家庭内暴力，生活習慣の著しい逸脱等性格もしくは行動上の問題を有する子どもに関する相談。
	不登校相談	学校及び幼稚園並びに保育所に在籍中で，登校（園）していない状態にある子どもに関する相談（非行や精神疾患，養護問題が主である場合等にはそれぞれのところに分類する）。
	適正相談	進学適性，職業適性，学業不振等に関する相談。
	育児・しつけ相談	家庭内における幼児のしつけ，子どもの性教育，遊び等に関する相談。
	その他相談	

一時保護機能	必要に応じて子どもを家庭から離して一時保護する。
措置機能	子ども又はその保護者を児童福祉司，児童委員，市町村，児童家庭支援センター等に指導させる。 子どもを児童養護施設，又は指定発達支援医療機関に入所若しくは委託させる。又は小規模住居型児童養育事業を行う者，若しくは里親に委託する。

出所：厚生労働省「児童相談所の運営指針について：図表」(https://www.mhlw.go.jp/bunya/kodomo/dv-soudanjo-kai-zuhyou.html) および「児童相談所運営指針」(第1章「児童相談所の概要」) (https://www.mhlw.go.jp/bunya/kodomo/dv11/01-01.html) を参照し筆者作成。いずれも2023年5月14日閲覧。

（2）児童相談所における主な専門職の概要

　児童福祉司は児童福祉法において，「都道府県は，その設置する児童相談所に，児童福祉司を置かなければならない」(第13条第1項) と規定されており，「児童の保護その他児童の福祉に関する事項について，相談に応じ，専門的技術に基づいて必要な指導を行う等児童の福祉増進に努める」(第13条第4項) ことが，職務として定められている。児童相談所において，子どもや保護者からの相談に応じ，必要な調査や支援，家族関係の調査等を行う職種である。

　任用要件は以下のようになっている (児童福祉法第13条第3項)。

① 都道府県知事の指定する児童福祉司若しくは児童福祉施設の職員を養成する学校その他の施設を卒業し，又は都道府県知事の指定する講習会の課程を修了した者
② 学校教育法に基づく大学又は旧大学令に基づく大学において，心理学，教育学若しくは社会学を専修する学科又はこれらに相当する課程を修めて卒業した者であり，内閣府令で定める施設において1年以上相談援助業務に従事したもの
③ 医師
④ 社会福祉士
⑤ 精神保健福祉士
⑥ 公認心理師
⑦ 社会福祉主事として2年以上相談援助業務に従事した者であり，内閣総理大臣が定める講習会の課程を修了したもの
⑧ ①〜⑦に掲げる者と同等以上の能力を有すると認められる者として，内閣府令で定めるもの

　近年，増加する児童虐待に対応する児童福祉司の人員不足が指摘される中で，児童福祉司の採用を増やす自治体もみられるようになってきている。

　指導教育担当児童福祉司はスーパーバイザーとも呼ばれ，児童福祉司としておおむね 5 年以上勤務した者であり，内閣総理大臣が定める基準に適合する研修の課程を修了した者をいう（児童福祉法第13条第 6 項）。児童福祉司の中には，他の児童福祉司が職務を行うため必要な専門的技術に関する指導および教育を行う児童福祉司を配置しなければならず（児童福祉法第13条第 5 項），その配置数は，政令で定める基準を参酌して都道府県が定めるものとなっている（児童福祉法第13条第 7 項）。

　児童心理司はかつて心理判定員と呼ばれ，主に児童相談所において心理学の視点から心理判定に携わる職員である。児童心理司は子どもや保護者等との面談・カウンセリングや心理検査等を多職種との連携によって実施する。また，心理学の専門家として仕事を行うことで心理学の側面から利用者支援に貢献している。

3　身体障害者更生相談所

（1）身体障害者更生相談所の概要
　身体障害者更生相談所は，身体障害者福祉法に基づき設置された機関であり，都道府県に設置が義務づけられている（身体障害者福祉法第11条第 1 項）。

　身体障害者更生相談所では，①市町村における身体障害者に関する各種業務の支援や情報提供，市町村間の連絡調整，②専門的な知識・技術を必要とする場合には市町村からの相談に応じること，③身体障害者に関する医学的・心理学的および職能的判定および必要な支援の実施，④補装具の処方や適合判定等を行うこと，⑤地域におけるリハビリテーションの推進に関する業務等が主な業務内容となっている。そしてこの機関にはソーシャルワーカーである身体障害者福祉司の他に医師や看護師，心理判定員，理学療法士，作業療法士といった専門職も配置されている。

（2）身体障害者更生相談所における主な専門職の概要

　身体障害者福祉司は身体障害者更生相談所に「身体障害者福祉司を置かなければならない」（身体障害者福祉法第11条の2第1項）と規定されており，身体障害者更生相談所の長の命を受けて，専門的な知識および技術を必要とするものを行う（身体障害者福祉法第11条の2第3項）とされている。

　主な業務としては，身体障害者やその家族に関して専門的知識や技術を必要とする相談援助業務や，市町村の身体障害者福祉に関わる業務への支援や情報提供，関係機関との連携等を図りながら，利用者がよりよい生活を送れるよう支援するといったことが挙げられる。

　任用要件については，以下のようになっている（身体障害者福祉法第12条）。

① 　社会福祉法に定める社会福祉主事たる資格を有する者であって，身体障害者の更生援護その他福祉に関する事業に2年以上従事した経験を有するもの
② 　学校教育法（昭和22年法律第26号）に基づく大学又は旧大学令（大正7年勅令第388号）に基づく大学において，厚生労働大臣の指定する社会福祉に関する科目を修めて卒業した者
③ 　医師
④ 　社会福祉士
⑤ 　身体障害者の更生援護の事業に従事する職員を養成する学校その他の施設で都道府県知事の指定するものを卒業した者
⑥ 　①～⑤に準ずる者であり，かつ身体障害者福祉司として必要な学識経験を有する者

4　知的障害者更生相談所

（1）知的障害者更生相談所の概要

　知的障害者更生相談所は，知的障害者福祉法に基づき設置された機関であり，都道府県に設置が義務づけられている（知的障害者福祉法第12条第1項）。

　知的障害者更生相談所では，①市町村における知的障害者に関する相談に際して，専門的な知識・技術を必要とする場合に市町村からの相談に応じること，

②18歳以上の知的障害者の医学的，心理学的，職能的判定とそれに伴う必要な支援を行うこと，③以上の業務を必要に応じて巡回して行うことといったことが主な業務内容となっている。そしてこの機関には，知的障害者福祉司の他に医師や看護師，心理判定員，職能判定員といった専門職が配置されている。

（2）知的障害者更生相談所における主な専門職の概要

　知的障害者福祉司は知的障害者更生相談所に「知的障害者福祉司を置かなければならない」（知的障害者福祉法第13条第1項）と規定されており，知的障害者更生相談所の長の命を受けて，専門的な知識および技術を必要とするものを行う（第13条第3項）とされている。

　主な業務としては，知的障害者やその家族への相談援助業務や市町村の知的障害者福祉に関わる業務への支援，情報提供等が挙げられ，知的障害者の就労や教育，病気といったさまざまな生活上の課題をソーシャルワークの視点から解決・緩和していく。

　任用要件については以下のようになっている（知的障害者福祉法第14条）。

---

① 　社会福祉法に定める社会福祉主事たる資格を有する者であって，知的障害者の福祉に関する事業に2年以上従事した経験を有するもの

② 　学校教育法（昭和22年法律第26号）に基づく大学又は旧大学令（大正7年勅令第388号）に基づく大学において，厚生労働大臣の指定する社会福祉に関する科目を修めて卒業した者

③ 　医師

④ 　社会福祉士

⑤ 　身体障害者の更生援護の事業に従事する職員を養成する学校その他の施設で都道府県知事の指定するものを卒業した者

⑥ 　①～⑤に準ずる者であり，身体障害者福祉司として必要な学識経験を有するもの

5　女性相談支援センター

（1）女性相談支援センターの概要

　2024（令和 6）年 4 月に，困難な問題を抱える女性への支援に関する法律が施行され，これまで売春防止法第34条に基づいて設置されていた婦人相談所が，新たに**女性相談支援センター**となり，その役割が変わることになった（図 3-1）。この法律でいう「困難な問題を抱える女性」とは，「性的な被害，家庭の状況，地域社会との関係性その他の様々な事情により日常生活又は社会生活を円滑に営む上で困難な問題を抱える女性（そのおそれのある女性を含む。）をいう」（同法第 2 条）とされている。

　女性をめぐる課題が生活困窮，性暴力・性犯罪被害，家庭関係破綻など複雑化，多様化，複合化しており，これまでの「売春をなすおそれのある女子の保護更生」を目的とする売春防止法では対応できない課題に対応するようにするための変更である。困難な問題を抱える女性への支援に関する法律では「女性の福祉」「人権の尊重や擁護」「男女平等」といった視点が明確に規定された。

　女性相談支援センターは，「都道府県は，女性相談支援センターを設置しなければならない」（同法第 9 条第 1 項）とされており，「困難な問題を抱える女性に関する各般の問題について，困難な問題を抱える女性の立場に立って相談に応ずること又は第11条第 1 項に規定する女性相談支援員若しくは相談を行う機関を紹介すること」（同法第 9 条第 3 項第 1 号），「困難な問題を抱える女性（困難な問題を抱える女性がその家族を同伴する場合にあっては，困難な問題を抱える女性及びその同伴する家族。次号から第 5 号まで及び第12条第 1 項において同じ。）の緊急時における安全の確保及び一時保護を行うこと」（同法第 9 条第 3 項第 2 号），「困難な問題を抱える女性の心身の健康の回復を図るため，医学的又は心理学的な援助その他の必要な援助を行うこと」（同法第 9 条第 3 項第 3 号），「困難な問題を抱える女性が自立して生活することを促進するため，就労の支援，住宅の確保，援護，児童の保育等に関する制度の利用等について，情報の提供，助言，関係機関との連絡調整その他の援助を行うこと」（同法第 9 条第 3 項第 4 号），

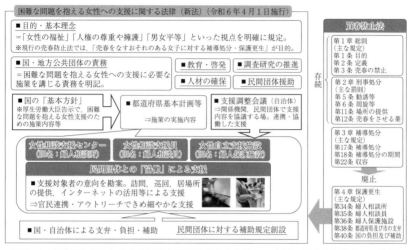

図3-1　「売春防止法」から「困難な問題を抱える女性への支援に関する法律」への移行
出所：厚生労働省（2022）「『困難な問題を抱える女性への支援に関する法律』について」（https://www.
mhlw.go.jp/content/11920000/001056014.pdf　2023年12月27日閲覧）。

「困難な問題を抱える女性が居住して保護を受けることができる施設の利用について，情報の提供，助言，関係機関との連絡調整その他の援助を行うこと」（同法第9条第3項第5号），「女性相談支援センターは，その業務を行うに当たっては，その支援の対象となる者の抱えている問題及びその背景，心身の状況等を適切に把握した上で，その者の意向を踏まえながら，最適な支援を行うものとする」（同法第9条第4項）と支援の内容について細かく規定されている。

（2）女性相談支援センターにおける主な専門職の概要

　女性相談支援員は，困難な問題を抱える女性への支援に関する法律に，前項で説明した女性相談支援センター等で「困難な問題を抱える女性について，その発見に努め，その立場に立って相談に応じ，及び専門的技術に基づいて必要な援助を行う職務に従事する職員（以下『女性相談支援員』という。）を置くものとする」（同法第11条第1項）と規定されている。

　これまで売春防止法に規定されていた婦人相談員の役割を引き継ぎ，配偶者等からの暴力の被害者への支援にあわせて，その他の困難を抱える女性に対し，

電話や面談による相談を行い，問題解決に向けた助言や情報提供，その他自立支援に係る業務を行うことが目指されている。

参考文献

相澤譲治・杉本敏夫編著（2015）『相談援助の基盤と専門職（第4版）』久美。

関西福祉科学大学社会福祉実習教育モデル研究会編（2014）『相談援助実習ハンドブック』ミネルヴァ書房。

空閑浩人・白澤政和・和気純子編著（2021）『ソーシャルワークの基盤と専門職』ミネルヴァ書房。

立花直樹・小口将典・竹下徹・九十九綾子・汲田千賀子編著（2022）『ソーシャルワークの基盤と専門職Ⅰ（基礎）』ミネルヴァ書房。

日本ソーシャルワーク教育学校連盟編（2021）『ソーシャルワークの基盤と専門職［共通・社会専門］』中央法規出版。

学習課題

　それぞれの資格の名称にある「士」と「司」の違いが意味することについて調べてみよう。

キーワード一覧表

- □ **福祉事務所（福祉に関する事務所）**　都道府県および市（特別区を含む）は設置が義務づけられており，町村は設置が任意となっている。　　23
- □ **社会福祉主事**　都道府県においては「生活保護法，児童福祉法，母子及び父子並びに寡婦福祉法」に定める援護または育成の措置に関する事務を行い，市町村においては「生活保護法，児童福祉法，母子及び父子並びに寡婦福祉法，老人福祉法，身体障害者福祉法及び知的障害者福祉法」に定める援護，育成または更生の措置に関する事務を行う。　　24
- □ **老人福祉指導主事**　老人の福祉に関する技術的な指導を行い，また，老人の福祉に関する情報提供や相談，調査，指導のうち専門的技術を必要とする業務を行うこととされている。　　24
- □ **児童相談所**　都道府県・指定都市・児童相談所設置市は設置が義務，中核市・特別区は任意設置となっている。児童の福祉に関する多様な幅広い問題について家庭その他からの相談に応じている。　　25
- □ **児童福祉司**　児童相談所に，「児童福祉司を置かなければならない」と規定さ

第 4 章

民間の施設・組織における
ソーシャルワーク専門職

　社会福祉の領域においては，社会福祉士や精神保健福祉士といった国家資格を有する専門職の存在は欠かすことができない。しかし，多様化する福祉課題を抱える現在において，国家資格専門職だけでは，**クライエント**に対して，十分な支援を展開することは難しい。そのため法定資格や任用資格，民間資格を有する専門職との連携が求められる。

　本章においては，専門職資格の分類および民間の施設・組織，医療，保健，教育等の幅広い分野で活躍する**ソーシャルワーク**に関する専門職について紹介していく。

ミニワーク

　ソーシャルワーク領域には，さまざまな資格を有する専門職が配置されている。現在，自分が目指している資格が国家資格なのか，法定資格なのか，任用資格なのか，民間資格なのかを考えてみよう。また，その資格ができた背景や現在までの変遷についても，調べてみよう。

1　社会福祉領域に関わる資格の分類

　社会福祉領域において活躍する専門職が有する資格には大きく分けて，国家資格，法定資格，任用資格，民間資格がある。

（1）国家資格

　文部科学省によると，国家資格とは「国の法律に基づいて，各種分野における個人の能力，知識が判定され，特定の職業に従事すると証明される資格」[(1)]と示されている。これらは，法律によって一定の社会的地位が保証されているため，社会からの信頼性は高いといえる。

　また，国家資格は法律で設けられている規制の種類により，業務独占資格，名称独占資格，設置義務資格，技能検定のように分類される（表4-1）。

（2）法定資格

　法定資格とは，国家資格と民間資格の中間に位置する資格である[(2)]。

（3）任用資格

　任用資格とは，当該資格を持っているだけではその資格の効力を発揮することができず，特定の職業または職位に就いた際にはじめて資格としての力が発揮される資格である[(3)]。

表4-1　国家資格の分類

業務独占資格	弁護士，公認会計士，司法書士など，有資格者以外が携わることが禁じられている業務を独占的に行うことができる資格
名称独占資格	栄養士，保育士など，有資格者以外はその名称を名乗ることを認められていない資格
設置義務資格	特定の事業を行う際に法律で設置が義務づけられている資格
技能検定	業務知識や技能などを評価するもの

出所：文部科学省「国家資格の概要について」（https://www.mext.go.jp/b_menu/shingi/chousa/shougai/014/shiryo/07012608/003.htm　2023年4月25日閲覧）をもとに筆者作成。

（4）民間資格

　民間資格とは，民間団体や企業等が独自の審査基準を設けて任意で認定する資格である。⁽⁴⁾

2　民間の施設における主な福祉専門職

　ソーシャルワーク専門職は，多分野にわたる福祉施設や社会福祉協議会，地域包括支援センター等の民間組織で活躍している。さらには，社会福祉領域のみならず，医療，教育，保健，司法などといった多様な領域で活躍していることが特徴である。第3章では，行政機関等で働くソーシャルワーク専門職について，職種の概要などを取り上げて紹介をした。本節では，民間の施設において活躍するソーシャルワーク専門職の概要について紹介をしていく。

（1）施設長

　社会福祉施設の種類には，表4-2のようなものがある。

　1978（昭和53）年の厚生労働省通知によると，社会福祉施設の施設長は，「関係省令又は関係通知に規定する施設長の具備すべき要件のうち抽象的要件について，具体的判断基準を示すこととし，所定の講習会の課程を修了した者を当

表4-2　社会福祉施設の種類

根拠法	施設の種類
老人福祉法	老人福祉施設
児童福祉法	児童福祉施設
障害者の日常生活及び社会生活を総合的に支援するための法律 （障害者総合支援法）	障害者支援施設
母子及び父子並びに寡婦福祉法	母子・父子福祉施設
生活保護法	保護施設
売春防止法	婦人保護施設

出所：日本ソーシャルワーク教育学校連盟編（2021）『ソーシャルワークの基盤と専門職［共通・社会専門］』中央法規出版，230頁をもとに筆者作成。

該要件を具備する者とする⁽⁵⁾」と記されている。

施設長の業務としては，福祉施設の運営，管理を担い，施設の目標設定・達成に向けたサービスの見直し，資金・職員の管理，関係機関・施設との連絡調整等を担っている。

（2）生活相談員

生活相談員は，表4-2に記した種別における社会福祉施設において，相談援助業務に従事する職種である。所属する施設・種別においては，「生活支援員」などのさまざまな名称で相談援助業務等に取り組んでいる。また，**介護老人福祉施設，介護老人保健施設，介護付き有料老人ホーム，デイサービス**等の高齢者施設には介護保険法によって配置が義務づけられている。

生活相談員の資格要件について，一例として，配置が義務づけられている特別養護老人ホームにおける資格要件⁽⁶⁾は，①社会福祉士，②社会福祉主事任用資格，③精神保健福祉士，④これらと同等の能力を有すると認められる者（介護支援専門員，2年以上の常勤経験のある介護福祉士のうちどれか）である。

社会福祉主事任用資格は，福祉事務所現業員として任用される者に要求される資格（任用資格）であり，社会福祉施設職員等の資格に準用される。また，都道府県，市および福祉に関する事務所を設置する町村には，設置が義務づけられている。資格を取得するためには，大学等において厚生労働省の指定する社会福祉に関する科目を3科目以上修めて卒業する，厚生労働省が指定する養成機関または講習会の課程を修了する等の方法がある⁽⁷⁾。

3 社会福祉協議会における主な福祉専門職

社会福祉協議会とは，都道府県および市町村に設定されている，社会福祉事業の実施等を行い地域福祉の推進を図ることを目的とした団体であり，社会福祉法第109条および第110条に規定されている。社会福祉協議会で働く主な専門職は，社会福祉士法によると，以下の通りである。

（1）企画指導員

全国社会福祉協議会の職員であり，全国の民間社会福祉活動の推進方策について，総合的な調査，研究および企画立案を行うほか広報，指導その他の活動に従事している。[8]

（2）福祉活動指導員

都道府県または指定都市社会福祉協議会の職員であり，都道府県または指定都市の区域における民間社会福祉活動の推進方策について調査，研究および企画立案を行うほか広報，指導その他の活動に従事している。[9]

（3）福祉活動専門員

市区町村社会福祉協議会の職員であり，市区町村の区域における民間社会福祉活動の推進方策について調査，企画および連絡調整を行うとともに広報，指導その他の実践活動の推進に従事している。[10]

4　地域包括支援センターにおける主な専門職

地域包括支援センターは，介護保険法第115条の46第1項に規定されている民間施設であり，2006（平成18）年の介護保険法改正によって全国の市町村（特別区および一部事務組合，広域連合等含む）に設置されるようになった。地域包括支援センターの主な業務は表4－3の通りである。

地域包括支援センターでは，表4－3の4つの業務を以下の3職種が連携を取り合いながら担っている。

（1）社会福祉士

社会福祉士及び介護福祉士法第2条に規定されている，社会福祉士の名称を用いて，専門的知識および技術をもって，身体上もしくは精神上の障害があることまたは環境上の理由により日常生活を営むのに支障がある者の福祉に関する相談に応じ，助言，指導，福祉サービスを提供する者または医師その他の保

表4-3　地域包括支援センターの主な業務

介護予防ケアマネジメント業務	・介護予防・生活支援サービス事業対象者に対する介護予防支援計画の作成 ・要支援者に対する介護予防サービス計画の作成
総合相談業務	・地域に住む高齢者等に関するさまざまな相談を受け、適切な機関・制度・サービスにつなぐ
権利擁護業務	・成年後見制度の利用促進 ・高齢者虐待への対応　など
継続的・包括的 ケアマネジメント業務	・介護支援専門員の実践力向上支援 ・支援困難ケースの対応　など

出所：地域包括支援センター運営マニュアル検討委員会編（2015）『地域包括支援センター運営マニュアル──地域の力を引き出す地域包括ケアの推進をめざして』長寿社会開発センターをもとに筆者作成。

健医療サービスを提供する者その他の関係者との連絡および調整その他の援助を行うことを業とする者をいう。この資格は国家資格であり名称独占の資格である。

（2）主任介護支援専門員（主任ケアマネジャー）

　2006（平成18）年度に創設された職種で、地域包括支援センターに配置される職員として介護保険法に規定されている。他の保健医療サービスまたは福祉サービスを提供する者との連絡調整、他の介護支援専門員に対する助言、指導その他の介護支援サービスを適切かつ円滑に提供するために必要な業務に関する知識および技術を習得することを目的として行われる研修を修了した者を指す。[11]

　介護支援専門員（ケアマネジャー）とは、介護保険法第7条の5に規定される法定資格である。介護支援専門員になるためには、医師、看護師、理学療法士、作業療法士、社会福祉士、精神保健福祉士、介護福祉士などの資格を有し、5年以上の実務経験が必要となる。その後、介護支援専門員実務研修受講試験に合格し、実務研修を修了したうえで、各都道府県の介護支援専門員名簿に登録することによって、介護支援専門員証が交付される。[12]

（3）保健師

　保健師助産師看護師法第2条に規定されている名称独占の国家資格である。厚生労働省の免許を受けて，保健師の名称を用いて，保健指導に従事する者をいう。保健師の主な業務は，地域住民からの健康に関する相談や乳幼児診断，生活習慣予防対策，家庭訪問等が挙げられる。なお，保健師になるためには，看護師の資格を有する必要がある。

5　病院・学校における主な福祉専門職

（1）医療ソーシャルワーカー

　保健医療機関で出会う患者を基本的な対象としてなされる医療ソーシャルワークに従事する専門職を医療ソーシャルワーカーという。[13]

　医療ソーシャルワーカーの主な業務範囲を表4-4に示す。

表4-4　医療ソーシャルワーカーの業務範囲

療養中の心理的・社会的問題の解決，調整援助	入院，入院外を問わず，生活と傷病の状況から生ずる心理的・社会的問題の予防や早期の対応を行うため，社会福祉の専門的知識及び技術に基づき，これらの諸問題を予測し，患者やその家族からの相談に応じ，解決，調整に必要な援助を行う。
退院援助	生活と傷病や障害の状況から退院・退所に伴い生ずる心理的・社会的問題の予防や早期の対応を行うため，社会福祉の専門的知識及び技術に基づき，これらの諸問題を予測し，退院・退所後の選択肢を説明し，相談に応じ，解決，調整に必要な援助を行う。
社会復帰援助	退院・退所後において，社会復帰が円滑に進むように，社会福祉の専門的知識及び技術に基づき，援助を行う。
受診・受療援助	入院，入院外を問わず，患者やその家族等に対する受診，受療の援助を行う。
経済的問題の解決，調整援助	入院，入院外を問わず，患者が医療費，生活費に困っている場合に，社会福祉，社会保険等の機関と連携を図りながら，福祉，保険等関係諸制度を活用できるように援助する。
地域活動	患者のニーズに合致したサービスが地域において提供されるよう，関係機関，関係職種等と連携し，地域の保健医療福祉システムづくりの参画を行う。

出所：厚生労働省「医療ソーシャルワーカー業務指針」をもとに筆者作成。

（2）スクールソーシャルワーカー

　日本では独自のスクールソーシャルワーカーの資格要件はないが，今日では児童・生徒の抱える課題に対して環境面から支援を行うスクールソーシャルワーカーの活躍する場が増加してきている[14]。山野らによると「スクールソーシャルワークとは，人権と正義を価値基盤に置き，状況を人と環境との関係性から捉えて支援を展開するソーシャルワークを学校ベースで行うもの」[15]とされている。

（3）こども家庭ソーシャルワーカー

　こども家庭ソーシャルワーカーは，こども家庭福祉の現場にソーシャルワークの専門性を十分に身につけた人材を早期に輩出することを目的に，一定の実務経験のある有資格者や現任者が，国の基準を満たす認定機関が認定した研修等を経て取得する認定資格として2024（令和6）年4月1日から新たに創設された資格である。児童相談所児童福祉司の任用要件の一つに位置づけられており，市区町村の虐待相談対応部門，民間の児童養護施設や乳児院，児童家庭支援センター，保育所などの幅広い職場での活躍が期待されている。

注
(1)　文部科学省「国家資格の概要について」（https://www.mext.go.jp/b_menu/shingi/chousa/shougai/014/shiryo/07012608/003.htm　2023年4月25日閲覧）。
(2)　立花直樹・小口将典・竹下徹・九十九綾子・汲田千賀子編著（2022）『ソーシャルワークの基盤と専門職Ⅰ（基礎）』ミネルヴァ書房，65頁および71頁。
(3)　(2)と同じ。
(4)　(2)と同じ。
(5)　厚生労働省「社会福祉施設の長の資格要件について」（https://www.mhlw.go.jp/web/t_doc?dataId=00ta8285&dataType=1&pageNo=1　2023年4月25日閲覧）。
(6)　空閑浩人・白澤政和・和気純子編著（2021）『ソーシャルワークの基盤と専門職』ミネルヴァ書房，145〜146頁。
(7)　(2)と同じ。
(8)　厚生労働省「社会福祉協議会活動の強化について」（https://www.mhlw.go.jp/web/t_doc?dataId=00ta8812&dataType=1&pageNo=1　2023年5月1日閲覧）。

(9) (8)と同じ。

(10) (8)と同じ。

(11) 厚生労働省「主任介護支援専門員の概要」(https://www.cao.go.jp/bunkensui
shin/kaigi/doc/teianbukai95shiryou04_2.pdf　2023年4月25日閲覧)。

(12) (2)と同じ。

(13) 小西加保留・田中千枝子編（2010）『よくわかる医療福祉』ミネルヴァ書房。

(14) 山野則子・野田正人・半羽利美佳編著（2012）『よくわかるスクールソーシャル
ワーク』ミネルヴァ書房。

(15) (14)と同じ，24頁。

学習課題

① ソーシャルワーク領域で活躍する主な専門職とその資格要件について調べてみよ
う。

② 介護支援専門員と主任介護支援専門員の違いについてまとめてみよう。

キーワード一覧表

> ☐ **クライエント**　ソーシャルワーカーに支援を求める人々，ソーシャルワークが
> 必要な人々および変革や開発，結束の必要な社会に含まれるすべての人々を
> 指す。　35
>
> ☐ **ソーシャルワーク**　社会変革と社会開発，社会的結束，および人々のエンパワ
> メントと解放を促進する，実践に基づいた専門職であり，学問である。　35
>
> ☐ **介護老人福祉施設**　老人福祉法に規定する特別養護老人ホームであって，入浴，
> 排泄，食事等の介護その他日常生活の世話，機能訓練，健康管理及び療養上
> の世話を行う，要介護高齢者のための生活施設のことをいう。　38
>
> ☐ **介護老人保健施設**　要介護者であって，主としてその心身の機能の維持回復を
> 図り，居宅における生活を営むことができるようにするための支援が必要で
> ある者に対し，施設サービス計画に基づいて，看護，医学的管理の下におけ
> る介護及び機能訓練その他必要な医療並びに日常生活上の世話を行うことを
> 目的とする施設のことをいう。　38
>
> ☐ **介護付き有料老人ホーム**　老人を入居させ，入浴，排泄もしくは食事の介護，
> 食事の提供または，その他の日常生活上必要な介護等を提供する事業を行う
> 施設である。　38
>
> ☐ **デイサービス**　介護を要する者を通所介護施設などに送迎し，日中に入浴や食
> 事，レクリエーション，機能訓練などを提供する介護サービスをいう。　38

第5章

諸外国の動向

　国の歴史や文化，教育はさまざまであり，ソーシャルワーカーの養成を行っている国もあれば，養成を始めた国，まったく養成は行っていない国もある。本章では，諸外国の中でも，主にソーシャルワーカーの養成を行っている国や養成を始めようとしている国の動向について述べる。本章で述べる内容は，一例でしかないが，諸外国ではソーシャルワーカーはどのような状況に置かれているのか，その違いについて学ぼう。

ミニワーク
　日本は欧米からの影響を受けて，ソーシャルワーカーの養成が始まった。では，イギリスやアメリカでは，どのような経緯により，ソーシャルワーカーの養成が行われるようになったのだろうか。考えてみよう。

1　イギリス

（1）ソーシャルワーカー養成のはじまり

　1869年にロンドンで設立された**慈善組織協会**（COS）では，調査員が個別に貧困者の住まいを訪れる形で貧困者に対する支援が行われ始めた。活動は徐々に活発に行われるようになり，調査員の訓練や研修も始められた。

　1895年には，慈善組織協会の書記であったメアリー・スチュワート（M. Stewart）が，ロンドンのロイヤルフリー病院にアーモナー（病院慈善係）という名称で雇用された。これは，慈善組織協会が提言した雇用が実現したものであった。当初，アーモナーは，患者が無料診察の対象となる者かどうかの審査を行っていたが，その後，審査だけでなく患者の心理的・社会的支援も行うようになった。アーモナーの業務範囲が拡大するとともに，雇用数は徐々に増え，1903年には病院アーモナー委員会を設置，1907年には病院アーモナー協議会が設立された。これらの組織では，活動の一つとして，アーモナーの教育も行われるようになり，医療ソーシャルワーカーの源流となった。

　慈善組織協会は，医療ソーシャルワーカーの基礎を築くだけでなく，精神科ソーシャルワーカーの礎ともなった。慈善組織協会は，1903年に訓練機関として，School of Sociology and Social Economics を設立したが，これはロンドン大学のカレッジの一つである London School of Economics and Political Science（LSE）の社会科学・行政学部の精神衛生コースへと引き継がれた。精神衛生コースでは，精神科ソーシャルワーカーの養成が行われ，イギリスの総合大学としては，はじめてソーシャルワーク教育が行われたのである。

（2）ソーシャルワーカーの免許・資格

　英国ソーシャルワーカー協会（British Association of Social Work：BASW）によれば，ソーシャルワーカーになるためには，各規制局によって認定された課程を修了した学士または修士でなければならない。イギリスはイングランド，ウェールズ，スコットランド，北アイルランドから成り立っており，イングラ

45

ンドの場合には，Social Work England，ウェールズの場合には Social Care Wales，スコットランドの場合には Scottish Social Services Council，北アイルランドの場合には Northern Ireland Social Care Council に認定された課程を修了する必要がある。そして，ソーシャルワーカーとして働くためには，4機関のどれかに登録する必要があるが，登録後の更新については機関によって異なる。

　Social Work England では，ソーシャルワーカーとしてあり続けるためのソーシャルワーク専門職の基準として，次の内容を挙げている[2]。

> - 人々，家族，地域の権利・ストレングス・ウェルビーイングを促進する
> - 人々の信頼・信任を確立し維持する
> - 実践の質と決定について責任を持つ
> - 専門職としての能力開発に取り組み続ける
> - 専門職としての誠実さを持ちながら，安全に敬意をもって対応する
> - 倫理的な実践を促進し，懸念は報告する

（3）現在のソーシャルワーカー

　英国ソーシャルワーカー協会が2022年に行った調査をまとめた報告書「The BASW Annual Survey of Social Workers and Social Work：2022」[3]によると，1602人のソーシャルワーカーの現在（直近）の実践分野（複数回答）は，子どもと家族 54.74%，成人 35.33%，メンタルヘルス 18.10%，ソーシャルワーク教員 8.24%，若者・若年成人 6.43%，そのほか 4.56%，緊急時対応 4.18%，裁判 2.37%，移民 1.62%であった[4]。約55%が子どもと家族を分野として回答しており，児童虐待などに関わるソーシャルワーカーが最も多かった。

　また，イングランドのソーシャルワーク課程認定を行っている Social Work England によると，NHS Digital と政府が2020年に行った調査において，前述したイギリスのソーシャルワーカーが最も所属する子どもと家族分野のソーシャルワーカー数は継続的に増加していた[5]。しかし，その一方で地方自治体が雇用する成人ケア分野のソーシャルワーカー数は継続的に減少しており，2012年から2020年の間に 3 万6000人が減少していた。イギリスでは，児童分野の

ソーシャルワーカーは増加しているが，成人分野のソーシャルワーカーは減少していることが浮き彫りとなった。

2　アメリカ

（1）ソーシャルワーカー養成のはじまり

　イギリスのロンドンで始まった慈善組織協会の活動は，アメリカにおいても展開されるようになり，1877年にアメリカのニューヨーク州バッファローにも支部が設立された。支部活動はやがて全米に広がり，その中の一つのボルチモア慈善組織協会には，後にケースワークの母と言われる，メアリー・リッチモンド（M. Richmond）がメンバーに加わった。

　リッチモンドは自身の活動や組織を束ねる立場での経験を通して，強く慈善事業における教育の必要性を感じた。そこで1897年の全国慈善矯正会議において，実践的な知識と技術を学ぶ訓練学校の必要性を主張し，1898年には，ニューヨーク慈善組織協会による夏季博愛事業学校の開設へとつながった。リッチモンドは当該学校において教師として学生の指導を行い，その後，夏季博愛事業学校は，コロンビア大学ソーシャルワーク大学院の創設へと結びついた。また，ニューヨークだけでなく，1908年にシカゴでも同様のシカゴ市民博愛学校が開設され，後のシカゴ大学ソーシャルワーク大学院となっている。現在では両大学院ともに，アメリカにおける主要なソーシャルワーク教育を実施する大学院となっている。

　1900年代に入り，ソーシャルワーク教育が始められるとともに，専門性を高めようとするさまざまな組織や専門職団体も設立されるようになった。1920年前後から，全米病院ソーシャルワーカー協会，全米学校ソーシャルワーカー協会などが誕生し，1955年には，現在では世界有数の規模となっている全米ソーシャルワーカー協会（National Association of Social Workers：NASW）が設立されている。

（2）ソーシャルワーカーの資格

　アメリカでは，ソーシャルワーカーの免許・資格・登録制度は州によって異なる。州独自の制度を設けているため，ソーシャルワーカーとして働くためには，各州が定める条件を満たしたり，実施する試験に合格したりする必要がある。

　ほとんどの州で求める条件として，アメリカで唯一のソーシャルワーク教育の認定機関である，ソーシャルワーク教育協議会（Council on Social Work Education：CSWE）に認められた大学教育を修了したソーシャルワーク学士（Bachelor of Social Work：BSW）やソーシャルワーク修士（Master of Social Work：MSW）であることが挙げられる。日本では政府機関である文部科学省が大学の設置認可を行っているが，アメリカにはそのような機関はなく，州政府が大学の設置認可を行っている。州によって大学設置認可の基準が異なるため，教育の質を保証する仕組みとしてソーシャルワーク教育協議会のような，高等教育アクレディテーション協議会（Council for Higher Education Accreditation：CHEA，大学関係者が設立した組織）から承認された団体が大学教育の質の審査を行い，協議会が定める基準を満たしている場合には団体による認定を出している。前述したコロンビア大学ソーシャルワーク大学院なども，ソーシャルワーク教育協議会が定めるソーシャルワーカー養成プログラムをもとに教育を行っており，それにより，ソーシャルワーク教育協議会から認定を受けた，質の高い教育を受けたソーシャルワーク修士を生み出している。

　ソーシャルワーク教育協議会が7年ごとに改定している「教育方針および認可基準（Educational Policy and Accreditation Standards：EPAS）」の2022年版によると，能力に基づいた教育が重要とされており（Competency-based education），ソーシャルワーク養成課程で養われるべきものとして，以下に示したような，9つの能力（コンピテンシー）が挙げられている。[6]

①　倫理的かつ専門職としての行動の実践
②　人権と社会的・人種的・経済的・環境的公正の推進
③　実践における人種差別反対主義，多様性，公平性，包摂性への対応
④　実践に基づいた研究，および研究に基づいた実践

⑤　政策実践への関わり
⑥　個人，家族，グループ，組織，コミュニティとの関わり
⑦　個人，家族，グループ，組織，コミュニティのアセスメント
⑧　個人，家族，グループ，組織，コミュニティへの介入
⑨　個人，家族，グループ，組織，コミュニティとの実践評価

（3）現在のソーシャルワーカー

　アメリカ合衆国労働統計局[7]によると，2021年のソーシャルワーカーの雇用は
70万8100件であり，その内訳は表5-1の通りであった。約半分が児童・家
族・学校に関わるソーシャルワーカーであり，児童・家庭領域で働くソーシャ
ルワーカーが多いことがわかる。また，ソーシャルワーカーの主な雇用主は表
5-2の通りであった。地方自治体・州政府（教育機関や病院は除く）が雇用主
の場合が合計で約3割であり，これはすなわち約3割のソーシャルワーカーが
自治体・州の職員として勤務しているといえる。

　ソーシャルワーカーの業務内容については，前述のアメリカ合衆国労働統計

表5-1　アメリカのソーシャルワーカー（2021年）

児童，家族，スクールソーシャルワーカー	34万9,800人（49％）
医療保健ソーシャルワーカー	17万9,500人（25％）
メンタルヘルスや薬物乱用に関わるソーシャルワーカー	11万9,800人（17％）
その他	5万9,000人（8％）

出所：アメリカ合衆国労働統計局 Occupational Outlook Handbook（https://www.bls.gov/
　　　ooh/community-and-social-service/social-workers.htm#tab-3　2023年4月5日閲覧）
　　　を筆者翻訳。

表5-2　アメリカの主なソーシャルワーカーの雇用主（2021年）

個人や家族向けのサービス事業者	18％
地方自治体（教育機関や病院は除く）	15％
外来の医療保健サービス事業者	14％
州政府（教育機関や病院は除く）	14％

出所：アメリカ合衆国労働統計局 Occupational Outlook Handbook
　　　（https://www.bls.gov/ooh/community-and-social-service/social-
　　　workers.htm#tab-3　2023年4月5日閲覧）を筆者翻訳。

局の Occupational Outlook Handbook⁽⁸⁾ によると，ソーシャルワーカーはクラ
イアントを訪問したり，同僚や関係専門職と打ち合わせを行ったりしている。
スクールソーシャルワーカーは，複数の学校を担当し，生徒と会うために学区
を回っている。ソーシャルワーカーは人材不足と過重な業務負担により，非常
にストレス値が高い状態にあると述べられており，質の高い教育を受けたアメ
リカのソーシャルワーカーであっても，現実には対応が難しいさまざまな困難
が待ち受けているといえる。

3　その他の国々

（1）スウェーデン

　第二次世界大戦以前はスウェーデンの自治体の規模は小さく，一般公務員が
福祉事業を担っていた。例外としては，1903年に設立された Centralförbundet
för Socialt Arbete（CSA）が挙げられ，社会政策や教育を担った。CSA は，
1910年にはじめて社会福祉の教育課程を考案し，1921年に自治体のストックホ
ルムと共同で，スウェーデン初のソーシャルワーカー養成学校である the
Institute for Social, Political and Municipal Education and Research を設立し
た。その後，1944年にヨーテボリ，1947年にルンド，1962年にウメオにそれぞ
れソーシャルワーカー養成学校が設立されている。これらの学校は，地方自治
体の職員教育を担ったが，1964年に公立学校から国立の単科大学へと発展，
1977年には総合大学に統合されることで，ソーシャルワーカー養成が一般学生
にも拡大されることとなり，現在へと至る⁽⁹⁾。1958年には，ソーシャルワーカー
の専門職団体として Sveriges Socionomers Riksförbund（SSR）が創設され，
その後 SSR には他職種も加入しながら組織化されている。

　ソーシャルワーカーの公的な資格はなく，大学のソーシャルワーク課程を修
了した学士や修士がソーシャルワーカーとして働いている。多くのソーシャル
ワーカーが公務員として勤務しており，2022年には2万9000人が地方自治体に
雇用されていた⁽¹⁰⁾。これらのソーシャルワーカーは，高齢者や障害者に対する支
援，個人や家族に対する経済的支援，依存症治療支援，児童保護を行っている。

（2）アジア諸国

①　中国

　欧米におけるソーシャルワーク教育の影響を受けて，1920年代に大学の社会学部においてソーシャルワーク教育が行われるようになった。しかし，1949年に中華人民共和国が建国され，社会主義路線に向かうことで，欧米の資本主義の産物であるとみなされた社会学部（ソーシャルワーク教育を含む）が大学から消滅することになる。その後，中国の大学においてソーシャルワーク教育が再び行われるようになるのは1980年代後半からとなる。1986年に北京大学などでソーシャルワークに該当する社会工作と管理学科が認可され，徐々にソーシャルワーカーが養成されるようになった。

　2006年には，中華人民共和国人事部と民政部が共同で「社会工作者職業水平暫定規定」と「助理社会工作師，社会工作師職業水平考試弁法」を公布し，ソーシャルワーカーと準ソーシャルワーカーの国家試験の実施が示された。2008年に第 1 回の国家試験が実施され，中国に国家資格を持ったソーシャルワーカーが誕生した。しかしながら，ソーシャルワーカーの社会的認知度は低く，働く場所は限られたものとなっている。

②　東南アジア

　フィリピンでは1965年にソーシャルワーク法が成立し，ソーシャルワーカーの試験実施と登録が行われている。インドネシアでは2019年にソーシャルワーカー法において資格が定められた。また，タイにおいては，2013年にソーシャルワーク専門職法により，認可制度が作られた。このように東南アジアにおけるソーシャルワーカーの状況は異なっていたが，2010年にソーシャルワーク人材の創出に向けた ASEAN Social Work Consortium（ASWC）が設立され，加盟国共通のソーシャルワーク人材について検討が始められた。2020年には ASEAN Training Centre for Social Work and Social Welfare（ATCSW）が作られ，ASEAN 加盟国の共通したソーシャルワーク教育の検討が期待されている。

注

(1) British Association of Social Work（BASW）ウェブサイト（https://www.basw.co.uk/resources/become-social-worker/how-become-social-worker　2023年4月5日閲覧）より。

(2) Social Work England ウェブサイト（https://www.socialworkengland.org.uk/standards/professional-standards/　2023年4月5日閲覧）より筆者翻訳。

(3) BASW ウェブサイト（https://www.basw.co.uk/system/files/resources/basw_annual_survey_summary_report_2022_13.03.2023.pdf　2023年4月5日閲覧）より。

(4) (3)と同じ，Figure30：please specify your current（or most resent）area of practice（p. 26）を筆者翻訳。

(5) BASW ウェブサイト（https://www.basw.co.uk/media/news/2021/mar/swu-blog-social-workers-speak-about-new-workforce-statistics-social-work-england　2023年4月5日閲覧）より。

(6) Educational Policy and Accreditation Standards for Baccalaureate and Master's Social Work Programs 2022, Council on Social Work Education（https://www.cswe.org/accreditation/standards/2022-epas/　2023年4月5日閲覧）から筆者翻訳。

(7) Bureau of Labor Statistics ウェブサイト（https://www.bls.gov/　2023年4月5日閲覧）より。

(8) Bureau of Labor Statistics ウェブサイト（https://www.bls.gov/ooh/community-and-social-service/social-workers.htm　2023年4月5日閲覧）より。

(9) Öberg Staffan（1998）The History of Social Work in Sweden, *Social Change, Social Policy and Social Work in the New Europe*, Ashgate Publishing.

(10) Kristofer Nilsson and Evelina Landstedt（2022）Public trust of social workers in Sweden: A repeated cross-sectional study, *Journal of Social Work*, 22(6).

参考文献

独立行政法人国際協力機構（JICA）・株式会社コーエイリサーチ＆コンサルティング（2022）「東南アジア地域ソーシャルワーカー育成に関する情報収集・確認調査　調査報告書」（https://openjicareport.jica.go.jp/pdf/1000046872.pdf　2023年4月5日閲覧）。

ヤングハズバンド，E. L.／本出祐之訳（1986）『英国ソーシャルワーク史　上・下』誠信書房。

金文華（2009）「中国におけるソーシャルワーク教育の現状と課題」『地域総研紀要』7(1)，1～4頁。

韓榮芝（2008）「中国におけるソーシャルワーク教育の現状と課題（その１）」『長崎国際大学論叢』8，227〜233頁。

学習課題
① アメリカやイギリスには，ソーシャルワークの国家資格はあるのだろうか。調べてみよう。
② どのような組織の活動を通じて，ソーシャルワーカーの養成が欧米で始められたのだろうか。書いてみよう。

キーワード一覧表

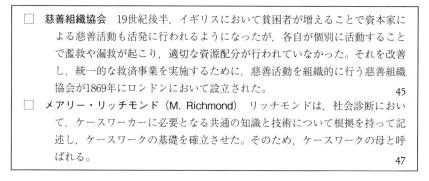

☐ **慈善組織協会**　19世紀後半，イギリスにおいて貧困者が増えることで資本家による慈善活動も活発に行われるようになったが，各自が個別に活動することで濫救や漏救が起こり，適切な資源配分が行われていなかった。それを改善し，統一的な救済事業を実施するために，慈善活動を組織的に行う慈善組織協会が1869年にロンドンにおいて設立された。　　45

☐ **メアリー・リッチモンド（M. Richmond）**　リッチモンドは，社会診断において，ケースワーカーに必要となる共通の知識と技術について根拠を持って記述し，ケースワークの基礎を確立させた。そのため，ケースワークの母と呼ばれる。　　47

第Ⅱ部

ミクロ・メゾ・マクロレベルにおける
ソーシャルワーク

第6章

ソーシャルワークの機能

　私たちが日々暮らしている社会には，さまざまな生活問題が起こっている。老々介護や育児と介護の**ダブルケア**，病気や失業による生活困窮など，人によって感じ方に差はあるが，さまざまな問題に直面する中で，生きづらさや地域の中での暮らしづらさを抱える人々が存在する。本章では，そういった生活課題を抱えながら暮らす人々に対して，ソーシャルワークの機能（本来持っているはたらき）が，生活課題の解決・緩和とどのようにつながっていくかという点について学びを深めてみよう。

ミニワーク
① 　Aさんは80歳。夫や子どもに先立たれ，孫と二人暮らし。家事など，孫の世話をして暮らしていた。ここ半年ほど，火の消し忘れや料理の味付けを間違うなど家事の失敗が増えてきた。外出して帰宅することにも時間がかかるようになり，現在は，孫に家事を手伝ってもらいながら過ごしている。
　　• Aさんの困り事を想像してみよう。

② 　小学校5年生のBさんは，80歳の祖母と二人暮らし。祖母がもの忘れをするようになったため，祖母のお世話と家事をするようになった。そのため，学校へ行かなくなった。
　　• Bさんの困り事を想像してみよう。

③ 　AさんとBさんは同居家族である。どのような支援が必要か考えてみよう。

1　ソーシャルワークの機能とは何か

（1）ソーシャルワークが求められる背景

　日本では，少子高齢化の進行や世帯状況の変化にともない，家族機能が変化し，地域社会の構造や人々の意識が変化している。具体的には，一人暮らしの高齢者や高齢夫婦のみの世帯が増えており，中には生活に困窮する高齢者も増えている。また，老々介護だけでなく，認知症の配偶者を認知症の高齢者がお世話をするといった世帯もみられる。さらに，認知症であることや，介護を必要とする状態であることを恥ずかしく思い，周囲の人々に隠したり，そもそも一人暮らしのため，体調を崩しても誰にも気づかれないというような，地域や社会から孤立している人々も増えている。

　以上のような個人や世帯の人々は，これまで家族・親族や職場の人々，そして「向こう三軒両隣」といわれるような近隣住民を含めた地域の中の人々によって見守られ，支えられてきた。すなわち，「血縁」「社縁」「地縁」という関係によって，大小はあれど，生活する中で起こるさまざまな困り事を解決・緩和してきた。

　しかし，血縁や社縁，地縁が薄れていく現在の社会状況の中で，個人が抱える生きづらさは見えにくくなりつつある。また，ミニワークで示した事例のように，家族の介護や家事などの日常生活のお世話を求められるため，学習の機会が損なわれているようなヤングケアラーの状態に置かれつつも，それに気づかない人々も存在している。

（2）ソーシャルワークの機能とは

　では，こうした背景がある中，そもそもソーシャルワークはどのような機能を持っているだろうか。岡村は，アメリカにおけるソーシャルワークの機能論をふまえ，「『機能』は，活動とか作用ないしはたらきを意味する概念であるが，しかしそれは単なる運動や活動ではない。一定の目的を実現するための活動である」と説明している。ここでは，いくつかのソーシャルワークに関する機能

表6-1　日本社会福祉実践理論学会によるソーシャルワークの機能と役割

機　能	役　割
①　仲介機能	クライエントと社会資源との仲介者としての役割
②　調停機能	クライエントや家族と地域社会の間で意見の食い違いや争いが見られるとき，その調停者としての役割
③　代弁機能	権利擁護やニーズを自ら表明できないクライエントの代弁者としての役割
④　連携機能	各種の公的な社会的サービスや多くのインフォーマルな社会資源の間を結びつける連携者としての役割
⑤　処遇機能	施設内の利用者に対する生活全体の直接的な援助，指導，支援者としての役割
⑥　治療機能	カウンセラーやセラピストとしての役割
⑦　教育機能	教育者としての役割
⑧　保護機能	子ども等の保護者としての役割
⑨　組織機能	フォーマル，インフォーマルサービスな活動や団体を組織する者としての役割
⑩　ケアマネジャー機能	個人や家族へのサービスの継続性，適切なサービス提供などのケースマネージャーとしての役割
⑪　社会変革機能	地域の偏見・差別などの意識，硬直化した制度などの変革を行う社会改良・環境の改善を働きかける役割

出所：日本社会福祉実践理論学会ソーシャルワーク研究会（1998）「ソーシャルワークのあり方に関する調査研究」『日本社会福祉実践理論研究』7, 69～90頁。

についてみてみよう。

　日本社会福祉実践理論学会（現：日本ソーシャルワーク学会）ソーシャルワーク研究会は，ソーシャルワークの機能として，表6-1の11の機能を示している。

　岩間は，地域を基盤としたソーシャルワークの特質として，①本人の生活の場で展開する援助，②援助対象の拡大，③予防的かつ積極的アプローチ，④ネットワークによる連携と協働の4つを示したうえで，地域を基盤としたソーシャルワークの機能を表6-2の8つに分類した。この機能を果たし，「地域福祉の基盤づくり」と一体的に捉えることにより，「個別の事例から地域福祉の推進にまで，効果的で相乗的な実践をもたらすことができる」としている。

表6-2　地域を基盤としたソーシャルワークの8機能

機　能	内　容
①　広範なニーズへの対応	社会福祉六法等の従来の枠組みに拘泥しない援助対象の拡大，地域生活上の「生活のしづらさ」という広範なニーズへの対応，先駆的・開発的機能の発揮
②　本人の解決能力の向上	個人，家族，地域住民等の当事者本人を課題解決やニーズ充足の主体とする取り組み，地域における生活主体者としての視座の尊重，問題解決能力，ワーカビリティ，エンパワメントの重視
③　連携と協働	地域における複数の機関の連携と協働による課題解決アプローチの重視，チームアプローチ及びネットワークによる対応，地域におけるケースカンファレンスの重視
④　個と地域の一体的支援	個を地域で支える援助と個を支える地域をつくる援助の一体的推進，個への支援と地域力の向上の相乗効果の志向，「一つの事例が地域を変える」という積極的展開
⑤　予防的支援	地域住民・組織による早期発見機能と予防的プログラムの重視，状況が安定してからの見守り機能による継続的支援の展開，発見から見守りまでの長期的対応
⑥　支援困難事例への対応	深刻化と複雑化の様相を呈する支援困難事例への適切な対応，専門職による高度なアプローチ，連携と協働のためのケースカンファレンスの活用，適切な社会資源の活用
⑦　権利擁護活動	権利侵害事例に対する権利擁護の推進，成年後見制度等の権利擁護のための制度の積極的活用，セーフティネットの拡大と地域における新しいニーズの掘り起こし，権利擁護の担い手の養成
⑧　ソーシャルアクション	個別支援から当事者の声を代弁したソーシャルアクションへの展開，社会資源の開発と制度の見直し，住民の参画と協働による地域福祉計画等の策定，ソーシャルインクルージョンの推進

出所：岩間伸之（2011）「地域を基盤としたソーシャルワークの特質と機能——個と地域の一体的支援の展開に向けて」『ソーシャルワーク研究』37(1)，4〜18頁。

米本は，入所施設におけるソーシャルワークの機能を9つに分類した（レジデンシャルソーシャルワークの9機能）（表6-3）。米本は，入所施設において，この9つの機能が働くことにより，入居者や家族，または施設が所在する地域住民や地域の生活課題が解決，緩和に向かうことを示した。

表6-3　レジデンシャルソーシャルワークの9機能

機　能	内　容
① 利用者の〔心＝身＝社会連関・生活・環境〕に関する情報の集約点であること	利用者の個体性を示す，心＝身＝社会連関・生活・環境に関する情報の集約機能。多様な情報が集約されて一人の「暮らし」が評価されることによって，ソーシャルワークの包括性の一端が証明される
② 利用者の個別支援計画の作成・実施・モニタリング・評価の機能	入所前からの情報収集や関係づくり，入所時集中対応，個別支援計画作成から，他職種の計画との整合性を検討し，統合して入所者の生活過程と援助過程を展望する機能
③ 利用者の個別相談援助機能（狭義の固有のソーシャルワーク実践）	利用者の施設生活過程での種々の生活課題・生活障害・生活問題へのソーシャルワーク観点からの援助を実践する機能
④ 調整機能	施設内外の他・多職種間の調整とチームアプローチの形成，退所後の地域諸資源との調整機能
⑤ 施設評価機能と施設改革機能	情報公表，苦情解決システムの整備，施設内事故対応，サービスの質の自己評価，第三者評価への対応など，多様な評価に対応する機能と，それに対して必然的に生まれるサービス提供構造の改革機能
⑥ 資源開発機能	利用者の内部資源としての社会的機能を高めることと，環境にある諸資源の存在とその機能性（応答性）を高める機能
⑦ 研究機能	利用者の最善の利益を保障しようとするため，生活やサービスの質を測る評価計画と評価様式を開発する機能
⑧ 教育機能	研究機能と連動して，実践水準の維持向上を図る機能。施設内外の研修・学習計画，企画・実施・評価という一連の流れにより，施設内の教育機能を高める
⑨ リスクマネジメント機能	経営レベルのリスクとサービスレベルのリスクの双方に対して，リスク予測・リスク予防・リスクコミュニケーションなどの戦略により，発生予防・発生時対応・事後対応がマネジメントされる機能

出所：米本秀仁（2012）「生活型福祉施設のソーシャルワークのゆくえと展望」『ソーシャルワーク研究』38(2)，80～90頁より筆者作成。

2　ソーシャルワークに期待される機能

　本節では，現在の日本において期待されているソーシャルワーク機能について解説する。

（1）日本におけるソーシャルワークへの期待

　先にも述べたように，現代の日本における社会状況の変化は，既存の制度やサービスでは対応が難しい新たな生活課題や複合的な課題を生み出している。また，外からは見えづらい課題を抱える個人や世帯への対応など，ニーズの複合化・複雑化によって支援に困難さを抱えるケースも増加している。さらに，従来の社会福祉における分野だけでなく，司法や教育などの多様な分野においても，福祉課題の存在があきらかとなってきており，その課題への対応が求められている。

　これらの新たな生活課題や多様な分野の福祉課題に対し，適切に対応していくためには，福祉専門職だけでの対応は困難である。そのため，医師や看護師などの医療職や，カウンセラーなどの心理職，学校現場における教員などの教育職などとも連携していく必要があり，他職種との連携や協働がさらに重要となってきている。

　このような状況の中，2016（平成28）年6月2日に閣議決定された「ニッポン一億総活躍プラン」においては，複合化・複雑化した生活課題を受け止めるための，市町村における総合的な相談支援体制づくりや，住民に身近な圏域で，住民が主体的に地域課題を把握して解決を試みる体制づくりが示されている。すなわち「地域共生社会の実現」に向けた取り組みの推進が示されている。「地域共生社会」とは，「制度・分野ごとの『縦割り』や『支え手』『受け手』という関係を超えて，地域住民や地域の多様な主体が参画し，人と人，人と資源が世代や分野を超えてつながることで，住民一人ひとりの暮らしと生きがい，地域をともに創っていく社会」であり，誰もが役割を持って暮らすことのできる社会を実現しようとするものである。

　この「地域共生社会の実現」には，①多職種・多機関・多業種との連携による問題解決のための取り組みと，②地域住民やボランティア，地域団体等との協働による問題解決のための取り組みの2つの取り組みが重要である。「地域における住民主体の課題解決力強化・相談支援体制の在り方に関する検討会」（以下，「地域力強化検討会」）による中間とりまとめにおいては，「多様な，複合的な課題については，高齢，障害，子どもといった福祉関係だけではなく，医療，保健，雇用・就労，司法，産業，教育，家計，権利擁護，多文化共生など多岐にわたる分野で，市町村単位，ときには都道府県単位の専門機関も含めた多機関が協働する体制の中で，解決方法が考えられるべきである」とされている。

　以上のように，多様で複合的な課題に対応するためには，社会福祉法人などの多様な福祉サービスの提供主体が，すべての人のその人らしい自立した日常生活の実現に向け，福祉サービスの提供のみならず，医療，介護，保健，雇用・就労，住まい，司法，商業，工業，農林水産業，犯・防災，環境，教育，まちおこし，多文化共生など，多様な分野や業種の公私の社会資源並びに住民主体の地域課題解決体制と連動し，福祉課題の解決やニーズの充足に必要な支援を包括的に提供するとともに，制度の狭間の問題や表出されていないニーズを把握し，必要に応じて社会資源やサービスを開発する体制整備が求められる。

（2）日本におけるソーシャルワークに期待される機能

　厚生労働省は，「地域共生社会の実現」を目指す日本において期待されるソーシャルワーク機能として，次の6つの機能を示している。すなわち，①権利擁護・代弁・エンパワメント，②支持・援助，③仲介・調整・組織化，④組織マネジメント・人材育成，⑤社会開発・社会資源開発，⑥福祉課題の普遍化である。また，それらの機能が発揮されるための具体的な内容について，複合化・複雑化した課題を受け止める多機関の協働による【包括的な相談支援体制の構築に求められるソーシャルワークの機能】と，地域住民等が主体的に地域課題を把握し，解決を試みる【住民主体の地域課題解決体制の構築に求められるソーシャルワーク機能】の2つに整理し示している（表6-4）。

表6-4　日本において期待されるソーシャルワーク機能の具体的な内容

包括的な相談支援体制の構築に求められるソーシャルワークの機能
・支援が必要な個人や家族の発見
・地域全体の課題の発見
・相談者の社会的・心理的・身体的・経済的・文化的側面のアセスメント
・世帯全体，個人を取り巻く集団や地域のアセスメント
・問題解決やニーズの充足，社会資源につなぐための仲介・調整
・新たな社会資源の開発や施策の改善に向けた提案
・地域アセスメント及び評価
・分野横断的・業種横断的な社会資源との関係形成
・情報や意識の共有化
・団体や組織等の組織化並びに機能や役割等の調整
・相談者の権利擁護や意思の尊重にかかる支援方法等の整備
・人材の育成に向けた意識の醸成

住民主体の地域課題解決体制の構築に求められるソーシャルワーク機能
・地域社会の一員であるということの意識化と実践化
・地域特性，社会資源，地域住民の意識等の把握
・福祉課題に対する関心や問題意識の醸成，理解促進，課題の普遍化
・地域住民のエンパワメント
・住民主体の地域課題の解決体制の構築・運営にかかる助言・支援
・担い手としての意識の醸成と機会の創出
・住民主体の地域課題の解決体制を構成する地域住民と団体等との連絡・調整
・地域住民と社会資源との関係形成
・新たな社会資源を開発するための提案
・包括的な相談支援体制と住民主体の地域課題解決体制との関係性や役割等に関する理解促進

出所：厚生労働省 (2017)「ソーシャルワークに対する期待について」(https://www.mhlw.go.jp/file/05-Shingikai-12601000-Seisakutoukatsukan-Sanjikanshitsu_Shakaihoshoutantou/0000150799.pdf　2023年3月14日閲覧)。

　以上の2つの機能は，ソーシャルワークが，8050問題や社会的孤立，ヤングケアラーなど現代社会における新たな福祉課題の解決に向け，福祉専門職以外の他の専門職，社会福祉施設や福祉サービス事業所以外の多様な機関，多様な業種を巻き込んで，地域住民や地域団体とともに，その解決・緩和・軽減を図ることを期待したものであろう。

3　ソーシャルワークの機能が発揮される実践の展開

　ソーシャルワークの機能が発揮される実践の展開について，ミニワークで示した事例をみてみよう。事例の登場人物は，認知症の症状を抱えるＡさんと，そのお世話をしている小学５年生のＢさんである。二人は同居家族で，祖母であるＡさんと，孫であるＢさんの二人暮らしであり，複合的な生活課題を抱えた事例である。

　この事例の場合，どのような実践を展開することにより，ソーシャルワークに期待される機能が発揮されるだろうか。前節で示したソーシャルワークに期待される２つの機能における具体的な内容と照らし合わせてみよう。

（1）【包括的な相談支援体制の構築に求められるソーシャルワークの機能】の展開

　まず，Ａさんにもの忘れの進行などがみられた段階で，Ａさんの状況変化に気づくことや，Ｂさんが学校を休んだ時点で，その理由としてＡさんをお世話しているということに気づくこと【支援が必要な個人や家族の発見】などが挙げられる。

　次に，発見した後の展開として，ＡさんやＢさんそれぞれが，生活するうえで何に困っているのかをあきらかにすること【相談者の社会的・心理的・身体的・経済的・文化的側面のアセスメント】などが挙げられる。二人それぞれの生活の中での困り事があきらかになった場合，二人の意向をふまえ，それぞれの課題に対する解決策が考えられ，必要な支援が検討・調整される【問題解決やニーズの充足・適切な社会資源への仲介・調整，相談者の権利擁護や意思の尊重にかかる支援方法等の整備】。たとえば，Ａさんはもの忘れが増えてきたことによって，これまで担ってきた家事ができなくなっているため，医療機関の受診が検討される。また，調理や掃除などの家事の支援が必要であれば，訪問介護による生活援助が検討される。それにともない，介護保険の利用にかかる申請手続きも検討される。

　他方，Bさんは，学校へ行くことができない理由として，Aさんのお世話がある。たとえば，Aさんの火の消し忘れや帰宅に時間がかかるなどの見守りの必要性から，安心して登校できないことが想定される。また，家事を担うなど**ヤングケアラー**の状態であることが想定される。そのため，小学校などの教育機関や介護サービスの提供機関，家事の代行や配食サービスを含めた民間企業，介護や教育にかかる行政機関，民生児童委員や見守りボランティアなど，多様な社会資源を活用するための連携が検討される。

　以上のような支援は，それぞれの権利擁護を含め，個々の意思を尊重して検討される。そのため，Aさんに対しては地域包括支援センターの社会福祉士や居宅介護支援事業所のケアマネジャーなどが関わることとなる。また，Bさんに対しては，スクールソーシャルワーカーなどが関わることとなる。さらに，必要に応じて，二人に関わるソーシャルワーカーらが中心となって，関係者が一堂に会してカンファレンスを開催し，支援を展開するにあたっての役割分担をすることなどが挙げられる【情報や意識の共有化，分野横断的・業種横断的な社会資源との関係形成，団体や組織等の組織化並びに機能や役割等の調整】。

　他方，事例の世帯に対して，いち早くその置かれた状況や状態に気づくことができれば，Bさんが学校へ行かないという選択をしなくてもよかったことが想定される。したがって，地域の中で他の世帯でも同様の状況が起こっていないのか，もしくはいち早く気づくための早期発見・早期対応の仕組みづくりや，見守り体制の整備などが求められるであろう【世帯全体，個人を取り巻く集団や地域のアセスメント，地域アセスメント及び評価，新たな社会資源の開発や施策の改善に向けた提案，人材の育成に向けた意識の醸成】。

（2）【住民主体の地域課題解決体制の構築に求められるソーシャルワーク機能】の展開

　ミニワークの事例は，先に示したように，認知症の疑いがある高齢者への在宅生活の支援と，学校へ行く機会を奪われているヤングケアラーへの支援を必要とする複合的な生活課題を抱えた世帯の事例である。

　他方，地域住民の中には，そのことを知らない，もしくは気づいていない，

または気づいていてもどうしていいかわからないという人々が多く存在する。そのような場合には，地域住民に対して，福祉課題を地域の課題として捉え，主体的に福祉課題解決の担い手となってもらえるような関わりが求められる。

　たとえば，地域住民に対して認知症の理解をうながす講座の開催や声かけ訓練を行うことや，ヤングケアラーの存在を周知し，支援を拡げるための啓発活動を展開することなどが挙げられる【福祉課題に対する関心や問題意識の醸成，理解促進，課題の普遍化】。そのため，地域住民がどの程度関心を持っているかなど，地域の実態を把握することが求められる【地域特性，社会資源，地域住民の意識等の把握】。地域住民への周知や啓発を進めることができれば，共有された福祉課題の解決・緩和に向けて，地域住民の主体的な活動が，組織的に展開され，活動の輪が拡がっていくよう，活動のアドバイスやサポートが求められる【住民主体の地域課題の解決体制の構築・運営にかかる助言・支援，担い手としての意識の醸成と機会の創出，住民主体の地域課題の解決体制を構成する地域住民と団体等との連絡・調整】。その結果，身近な地域で起こりうるさまざまな福祉課題を，住民自らがキャッチし，解決に向けて活動できる地域づくりにつながっていく【地域住民のエンパワメント】。

　以上のように，ソーシャルワークの機能が発揮されることにより，複合的な生活課題を抱える人々の暮らしが改善され，豊かになると同時に，その地域自体が誰にとっても暮らしやすい地域へと変化していくであろう。

　他方，社会福祉の対象が拡大する今日において，ソーシャルワークには，時代や社会にあわせた機能の発揮が期待されていくことも，想定しておく必要がある。

注
(1)　岡村重夫（1987）『社会福祉原論』光生館。
(2)　岩間伸之（2011）「地域を基盤としたソーシャルワークの特質と機能——個と地域の一体的支援の展開に向けて」『ソーシャルワーク研究』37(1)，4～18頁。
(3)　米本秀仁（2012）「生活型福祉施設のソーシャルワークのゆくえと展望」『ソーシャルワーク研究』38(2)，80～90頁。

参考文献

厚生労働省（2017）「ソーシャルワークに対する期待について」（https://www.mhlw.go. jp/file/05-Shingikai-12601000-Seisakutoukatsukan-Sanjikanshitsu_Shakaihoshoutantou/0000150799.pdf　2023年3月14日閲覧）。

厚生労働省（2018）「ソーシャルワーク専門職である社会福祉士に求められる役割等について」（https://www.mhlw.go.jp/file/05-Shingikai-12601000-Seisakutoukatsukan-Sanjikanshitsu_Shakaihoshoutantou/0000199560.pdf　2023年3月14日閲覧）。

日本社会福祉実践理論学会ソーシャルワーク研究会（1998）「ソーシャルワークのあり方に関する調査研究」『日本社会福祉実践理論研究』7，69〜90頁。

学習課題

①　ソーシャルワークが求められる背景について，個人の生活や社会の変化に着目してグループで話し合ってみよう。

②　AさんとBさんの事例を通じて考えたことを，グループで話し合い共有してみよう。

キーワード一覧表

☐　**ダブルケア**　晩婚化・晩産化等を背景として，子どもの育児と親の介護を同時に引き受けること。　56

☐　**ソーシャルアクション**　個人や社会が抱えるニーズを充足するため，世論の喚起やサービス開発などの組織的活動を通して，議会や行政機関等へ働きかけることにより，政策・制度の改善等を図るソーシャルワークの方法。　59

☐　**レジデンシャルソーシャルワーク**　社会福祉施設の入所者に対するケアや相談援助等の直接的支援と，施設の各種プログラム・サービスの質向上のためのアプローチなど，施設の運営管理を含むソーシャルワーク。　59

☐　**リスクマネジメント**　福祉サービスを提供する過程における事故の未然防止や，万が一にも発生した場合の対応（特に損害賠償等，法人・施設の責任問題を含む）。　60

☐　**ヤングケアラー**　家族にケアを要する人がいる場合に，大人が担うようなケア責任を引き受け，家事や家族の世話，介護，感情面のサポートなどを行っている，18歳未満の子どものこと。　65

第7章

ミクロ・メゾ・マクロレベルの
ソーシャルワークとは

　ソーシャルワーク専門職の実践の場は，実に多様である。そのため，他者にはわかりにくく，見えにくいかもしれない。みなさんが「社会福祉士／精神保健福祉士の資格取得を目指したい」と思い立ったとき，どのようなことをイメージしただろうか。また，家族や友人などから「なぜソーシャルワーク専門職を目指すのか」と問われたとき，どのように回答するだろうか。

　本章では，当初抱いていたであろう「困っている人を助けたい」「子ども／高齢者が好き」といった想いの延長線上に地域や社会があること，それらは相互に影響を及ぼし合っていること，そしてさまざまなレベルや対象について学ぶ。また，それぞれのレベルの関係性についても理解を深めていきたい。

ミニワーク

　あなたの生活や人生に影響を及ぼしているヒト（人材資源）・モノ（物的資源）・コト（制度的文化的資源）について，思いつくまま，できるだけたくさん挙げてみよう。私的／公的は問いません。

ヒト	
モノ	
コト	

1　ソーシャルワーク専門職の固有の視点とは何か

　児童養護施設や特別養護老人ホームなど，クライエントの日常生活を支援するケアワークの現場には保育士や心理士，介護福祉士や理学療法士など実に多様な職種が協働している。学生がこのような現場へ実習に出向くと，多くの学生が「ソーシャルワーク専門職（社会福祉士や精神保健福祉士）固有の視点とは何か」「他の職種と何が違うのか」と疑問を感じる。実際に現場の職員も，全員が自身の資格を常に意識しながら仕事をしているわけではないだろう。しかし職名が異なる以上，専門職たる専門性は固有のものがあるはずである。そこで本節では，ソーシャルワーク専門職の固有の視点について考えていきたい。

（1）グローバル定義にみるソーシャルワーク専門職の視点

　2014年，国際ソーシャルワーカー連盟（IFSW）総会および国際ソーシャルワーク学校連盟（IASSW）総会によって，「ソーシャルワーク専門職のグローバル定義」（以下，「本定義」）が採択された。そこには，次のように示されている。

　　ソーシャルワークは，社会変革と社会開発，社会的結束，および人々のエンパワメントと解放を促進する，実践に基づいた専門職であり学問である。社会正義，人権，集団的責任，および多様性尊重の諸原理は，ソーシャルワークの中核をなす。ソーシャルワークの理論，社会科学，人文学，および地域・民族固有の知を基盤として，ソーシャルワークは，生活課題に取り組みウェルビーイングを高めるよう，人々やさまざまな構造に働きかける。この定義は，各国および世界の各地域で展開してもよい。

　日本で福祉と聞くと，経済的支援や介護／保育といった個別支援をイメージしがちだが，本定義からもわかるように，国際的にみればソーシャルワークとは単に個別支援にとどまらない。ソーシャルワーク専門職には，目の前の一人

ひとりの**ウェルビーイング**（well-being）の実現という大目的を達成するために，社会変革や社会開発といったマクロレベルの実践が求められる，といったように，重層的な視点が求められている。

　本章ではまず，ウェルビーイングとは何かを確認したうえで，それを実現するために働きかけるさまざまな構造，つまりソーシャルワークの対象について理解を深めていきたい。

（2）クライエントの3つの LIFE の質を高める

　ウェルビーイングとは，一人ひとりの成長・発達・自由・選択が尊重され，クライエントが望む3つの LIFE（生命・生活・人生）の実現を目指すキー概念として用いられる。誰と比べるものでもなく，また誰かに強制されるものでもなく，その人らしくよりよく生きることができるような社会を構築することが，ソーシャルワーク専門職には求められる。

　2020年9月，ユニセフは「Worlds of Influence：Understanding what shapes child well-being in rich countries」と題する報告書を発表した。Child well-being は翌2021年2月に発表された日本語訳版において「子どもの幸福度」と訳され，大きな反響が生じた。本報告書では，すべての子どもたちがより良い子ども時代を過ごすためにおとなや社会に必要なこととして，子どもの意見を聴くこと・政策を連携させること・強度な土台を構築するため SDGs（持続可能な開発目標）の達成に向けた取り組みを加速・強化することなどを指摘している。この指摘は，格差が拡がりストレス社会にある日本においてなおいっそう重要な視点である。そして，子どもの幸福度を高めるためには，個人にのみ着目するのではなく，かれらの3つの LIFE の基盤となる環境／社会を整えていく必要があることを意味している（図7-1）。

　このような考え方は，当然ながら子どもに限ったことではない。一人ひとりの幸福度＝ウェルビーイングを高めるためには，その人自身をエンパワメントするとともに，かれらを取り巻く人々や社会それ自体への関心を持ち，働きかけていくことが大切である。

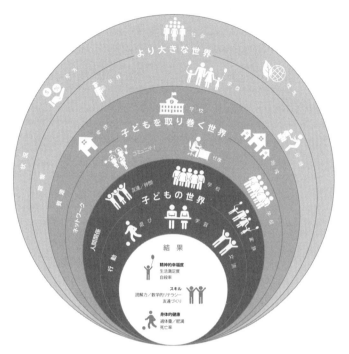

図7-1　子どもの幸福度の多層的な分析枠組み

出所：ユニセフ（2021）「イノチェンティ　レポートカード16　子どもたちに影響する
世界——先進国の子どもの幸福度を形作るものは何か」日本ユニセフ協会，8頁。

（3）「個」と「環境／社会」との相互作用／交互作用に着目する

人は生まれてから死ぬまで，あらゆる人々との出逢いや別れを経験しながら
成長・発達する。血縁関係や老若男女を問わず，さまざまな他者と関わり，感
情を揺さぶられ，その言動に影響を受けている。また，物理的・文化的な環境
からの影響も大きい。と同時に，人は他者や環境に影響を与える存在でもある。

グループワークの研究者であるシュワルツ（W. Schwartz）は，個人と社会の
関係は共生的で健康的な相互依存関係にあると提唱し，互いの成長のために影
響を及ぼし合っている状況が**相互作用**であり，これを促進していくことが媒介
／仲介／橋渡しの機能を持つソーシャルワークの重要な機能の一つであるとし
た。

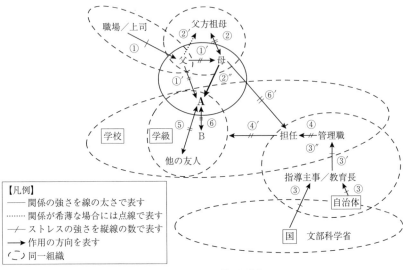

図7-2　いじめの構図（例）

出所：筆者作成。

　さらにエコロジカル・アプローチの提唱者であるジャーメイン（C.B. Germain）とギッターマン（A. Gitterman）は，医学モデルが主流であったその時代に，システム理論・生態学理論・人と環境の**交互作用**を基盤とした生活モデルを新たな考え方の枠組みとして示した。

　ここで相互作用と交互作用の違いについて簡単に触れておこう。相互作用とは影響を及ぼし合っている一対の因果関係を持つ関係性のことを指す。これに対して交互作用とは，一つの相互作用が他の相互作用に影響を与え，さらに他の相互作用に影響を与えているといった連鎖反応を起こしている状況を指す。学校現場で生じるいじめの問題を例に考えてみたい（図7-2）。

　いじめという現象は当事者間だけの関係性で生じている問題ではない。加害者Aに注目してみると，たとえば父親が職場や上司からストレスを受け（①），Aや母親がそのはけ口になっていたり（①′），母親と父方祖母の折り合いが悪い（②）のに，父親は両者を取り持とうとしないため（②′），母親のAへのかかわりが強まっている（②″）ことがある。一方，文部科学省や自治体からの「いじめ防止」の圧力が，教育長や指導主事（③），そして学校現場へと伝播し

（③′），管理職を通じて担任へと伝わる（③″）。他方で担任は，コロナ禍で遅れた授業を取り戻すようにと指示があり（④），葛藤を抱えながら学級経営に臨む（④′）も，Aと他の友人との間でトラブルが発生する（⑤）。このようなさまざまな作用が重なりあった結果として，AからBへのいじめ（⑥）が発生していくが，担任の一方的な加害者認定に，母親は不満を持つ（⑥′）。

　このようにソーシャルワーク専門職が介入する問題の背景には，複数の課題が重なり合っているという視点に立って，私たちは人々を取り巻く環境や社会への理解を深め，アセスメントする力を養う必要がある。そのためにも学際的な視点を学び価値・知識・技術を探究していくことが求められている。

2　3つのレベルと5つのシステム

　ここまでみてきたように，ソーシャルワークはさまざまな生活課題や地域課題を解決／改善するために，個人と環境／社会の双方に焦点を当て，その接触面に介入する専門性を有する。しかしその支援対象や実践現場は幾層にも重なり合っている。ここでは3つのレベルと5つのシステムについて確認しておこう。

（1）ソーシャルワークの3つのレベルとは
　人を取り巻く環境／社会には，身近なものから一見すると関係ないようなものまであるが，直接的／間接的を問わず影響を受けている。最小単位の「個人」から「家族」など，人々に最も身近で直接的かつ即時的に影響を及ぼすレベルをミクロレベルという。ミクロレベルが所属する「集団」や「組織」あるいは「ごく身近な地域」といった互いに直接影響を及ぼし得る範囲のレベルをメゾレベルといい，さらに「地域社会」や「国家」さらには「地球環境」など，一見すると直接的に関係がないように見えても，間接的かつ漸次的で広範囲な影響を及ぼすレベルがマクロレベルである。前述の交互作用について理解することによって，それぞれのレベルが独立しているわけではなく，互いに重なり合い，影響を及ぼし合う関係にあることがわかるだろう。
　日本ソーシャルワーク教育学校連盟は，ソーシャルワークの実践レベルを表

表7-1　ソーシャルワークの実践レベル

（1）ミクロレベル
　困難な状況に直面する個人や家族への直接的援助である。具体的には，クライエントが抱えて
いる生活問題を対象としたものである。より一層の人権保障が求められる状況や人権侵害が起
こっている状況，より一層の自己実現やQOL向上が求められる状況，自己実現の機会を奪われ
ている状況，社会的不利ゆえに機会を活かせていない状況などがある。
（2）メゾレベル
　家族ほど親密ではないが，グループや学校，職場，近隣など有意義な対人関係があるレベルで，
クライエントに直接影響するシステムの変容を目指す介入である。自治体・地域社会・組織シス
テムなどを含み，具体的には，各種の自助グループや治療グループ，仲間や学校，職場，近隣な
どが含まれる。ミクロレベルの課題がディスエンパワメントの状況や地域社会からの排除の状況
などによって生じている場合，ソーシャルワーカーはグループや地域住民がそれらの問題を「自
らの問題」として捉えることができるような環境をつくるために働きかける。
（3）マクロレベル
　対面での直接サービス提供ではなく，社会問題に対応するための社会計画や地域組織化など，
社会全般の変革や向上を指向しているものである。具体的には，コミュニティ・国家・国際シス
テムであり，政策や制度を含む。差別，抑圧，貧困，排除などの社会不正義をなくすように，国
内外に向けて社会制度や一般の人々の社会意識に働きかけることである。
　ミクロレベルやメゾレベルの課題が偏見や差別，雇用問題，法律や制度などの社会構造の歪み
から生じている場合，ソーシャルワーカーは長期的な人間の福利（ウェルビーイング）を考え，
社会問題を介入の対象とする。

出所：日本ソーシャルワーク教育学校連盟（2020）「ソーシャルワーク演習のための教育ガイドライン」
　　　19〜20頁。

7-1のように示している。
　表7-1からもわかるように，生じているレベルが異なればソーシャルワー
ク専門職の機能や介入の方法も異なるが，互いに影響を及ぼし合っていること
を考えれば，重層的な視点や連関性を意識した実践を行うことがソーシャル
ワーク専門職には求められる。

（2）生態学的システム論に学ぶ5つのシステム

　前項で示したような実践レベルは，ブロンフェンブレンナー（U.
Bronfenbrenner）が提唱する生態学的システム論に通ずるものがある（図7-3）。
かれは，人の生態学的環境は「ロシア人形のようにいくつもが次々と内部に抱
き合わされている入れ子構造」[2]のような仕組みになっていると説いた。すなわ
ち最も内側には，クライエント（たとえば子ども）を直接包み込んでいる行動場

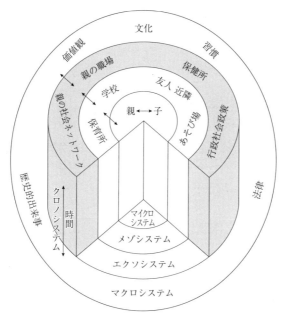

文化
価値観　　　習慣
親の職場　保健所
学校　友人 近隣
親の社会ネットワーク
保育所　あそび場
親←→子
行政社会政策
歴史的出来事
クロノシステム
時間
法律
マイクロシステム
メゾシステム
エクソシステム
マクロシステム

図7-3　5つのシステム

出所：改訂・保育士養成講座委員会編（2009）『発達心理学（改訂4版）』社
会福祉法人全国社会福祉協議会，4頁。

面（たとえば家庭や学校など）で経験する活動，役割，対人関係パターンである
マイクロシステム（microsystem），その外側にはクライエントが積極的に参加
している2つ以上のマイクロシステム間の相互関係（たとえば家庭と学校の関係
など）としてのメゾシステム（mesosystem）がある。さらにその外側には，ク
ライエントに直接的な関わりはないが，間接的にクライエントへ影響を及ぼし
得るまたは影響を受けるような行動場面（保護者の職場やきょうだいの学級など）
のエクソシステム（exosystem）がある。そして最も外側には，これらのシステ
ムに一貫性を持つ文化やイデオロギー，信念体系に対応するマクロシステム
（macrosystem）（法律や政策，経済など）がある。また，これらは時間軸である生
態学的移行としてのクロノシステム（chronosystem）（たとえば，誕生⇒保育所⇒
学校⇒就職⇒結婚……）の中で常に変化が生じている。
　私たちはつい，目の前の人に焦点を当てすぎて，ミクロレベルやマイクロシ

ステムにのみ関心を寄せがちだが，その背景にあるさまざまなレベルの交互作用を捉えることで，より本質的な生活課題の解決を図ることができるようになるだろう。

（3）社会資源の発掘・活用・開発

いずれのレベルやシステムにおいても，クライエントの支援に活用できるさまざまな要素がある。それをソーシャルワークでは**社会資源**と呼んでいる。具体的には，ヒト・モノ・コト・カネといったものに区分でき，いずれもフォーマル（公的）・ノンフォーマル（非公的）・インフォーマル（私的）な側面がある（表7-2）。

ソーシャルワーカーが目の前の一人ひとりにあった社会資源を提示するためには，まずはソーシャルワーカー自身が地域にはどのような人たちが住み，どのような場があり，各種制度の仕組みや手続き方法，助成金はどこに申し込めばよいか，組織のキーパーソンは誰かを把握するなど，さまざまなレベルにある社会資源を発掘し整理しておかなければならない。また，社会資源を十分に活用するためには，必要に応じて環境整備や活性化を図ることも大切な役割である。さらに，どの地域にも同じ社会資源があるとは限らない。既存の社会資源を駆使しても，クライエントや多くの住民のニーズに十分に応えられない場合には，新たな社会資源を開発する創造力や交渉力もソーシャルワーカーに求められる。

表7-2　社会資源の一例

	インフォーマル	ノンフォーマル	フォーマル
ヒト	家族・近隣住民・友人	民生委員・自治会役員・学習塾講師	医師・保健師・教員・相談員
モノ	自室・パソコン・読書補助具	公園・サロン・銭湯・地域活動	市役所・公民館・病院・学校
コト	家族旅行・習い事・趣味・特技	商店街イベント・地域のお祭り	制度・サービス・学校行事
カネ	就労収入	助成金・寄付	各種手当・年金

出所：筆者作成。

3　3つのレベルの対象を知る

本節では，それぞれのレベルにおける対象を確認する。改めて前提としてふ
まえておくべきことは，対象がどのようなレベルのものであっても，他のレベ
ルを排除せず，一体的で連関性のある存在として理解することである。これま
でにもみてきたように，人が環境との交互作用の中で生きている以上，一つの
レベルだけでソーシャルワークを実践する，ということはあり得ない。俯瞰し
てみたり，縦横無尽に視点を移動するためにも，まずは各レベルがどのような
対象で構成されているのかを確認しておく（図7-4）。

（1）ソーシャルワークの基礎実践ともいえる「ミクロレベル」の対象とは

ミクロレベルにおけるソーシャルワーク実践の対象は，主に個人やその家族
に焦点が当てられて展開される。個人はバイオ（生理的・身体的機能状態）・サ
イコ（精神的・心理的状態）・ソーシャル（社会環境状態）の3つの側面を持ち，
最小単位のシステムとして構成され，バラバラに存在するのではない。そのた
め，身体の健康状態やADL（日常生活動作），IADL（手段的日常生活動作）の状
況や能力，心理状態や意欲，意思の強さ，好き嫌いや満足度，さらには家族や
親族，近隣住民や友人との関係，住環境や就労状況，収入面，利用可能な社会
資源といったそれぞれの要因が，互いに複合的に作用し合った結果として，困
難な状況をもたらす場合もあれば，良い結果をもたらしている場合もある。

また個人は，自らを取り巻く社会環境（家庭や集団・組織，地域や自治体などの
上位レベル）から大なり小なり影響を受け，感情を揺さぶられ，新たな行動を
とる。そして同時に，周囲の人や所属する集団などあらゆる社会環境に対して
自ら働きかけ，影響を与える存在にもなり得る。

（2）クライエントに直接的／間接的に関わる「メゾレベル」の対象とは

メゾレベルにおけるソーシャルワーク実践の対象は，個人に直接影響を与え
得る環境，すなわち学校や職場，自治会やサークル，ピアグループやサロン活

マクロレベル	・地域社会・国家・制度 ・政策・社会規範・環境
メゾレベル	・小集団　　・地域住民 ・学校　　　・職場
ミクロレベル	・個人　　　・家族

図7-4　ソーシャルワークの3つの実践レベル
出所：筆者作成。

動など，クライエントが所属する「クライエントにとって有意義な対人関係があるレベル」のシステムが代表的といえる。さらに，必ずしもクライエントが直接所属していない機関や組織（たとえば自治体や医療機関，福祉サービス事業所，警察や消防など）であっても，個人の生活に直接影響を与えるシステムとして，メゾレベルの対象として挙げられる。ここで重要なことは，直接的・間接的にかかわらず，個人や家族の生活や行動に大きな影響を及ぼすものである，という理解である。

（3）政策や制度など社会の仕組みとしての「マクロレベル」の対象とは

　マクロレベルにおけるソーシャルワーク実践の対象としては，個人への直接的な働きかけというよりも，社会計画や政策，地域の組織化などが挙げられる。さらには，一定の地域だけに関わることばかりではない。法律や慣習，文化や経済，さらには気候変動や人種差別など，国内外に跨るより広範囲で長期的な人々の生活に影響を与えるものもその対象となる。

　前述の通りグローバル定義にもソーシャルワーク専門職とは「社会変革と社会開発，社会的結束，および人々のエンパワメントと解放」をうながす存在であることが明記されている。国際社会においてはすでにソーシャルワーカーはその名の通り「社会に働きかける人」なのであり，その求められる機能は，個々人にのみ焦点を当てるのではなく，同時にメゾ・マクロレベルにまで視野を広げ，働きかけていくことができる実践である。日本でも真のソーシャルワーカーのますますの活躍を期待したい。

注
(1)　ユニセフ（2021）「イノチェンティ　レポートカード16　子どもたちに影響する世界——先進国の子どもの幸福度を形作るものは何か」日本ユニセフ協会。
(2)　ブロンフェンブレンナー，U.／磯貝芳郎・福富護訳（1996）『人間発達の生態学』川島書店，3頁。

学習課題
①　ケアワーカーとソーシャルワーク専門職の違いは何か，考えてみよう。
②　あなた自身が生活上困っていることは何かありますか。「人と環境との交互作用」を意識しながら，図7-2を参考に，その背景には何があるのか，図式化して考えてみよう。

キーワード一覧表

☐　ウェルビーイング（well-being）　その人らしく，よりよく生きることができること。他者と比較して優劣をつけるのではなく，絶対的に満たされ，幸福と感じること。また，そのような社会。福利とも訳される。　　70
☐　相互作用　互いの成長のために影響を及ぼし合っている状況。一対の関係性を持つ。　　71
☐　交互作用　複数の相互作用が様々なシステム間で連鎖反応を起こし合っている状況。　　72
☐　社会資源　人の支援に活用することができる要素。ヒト（人的資源）・モノ（物的資源）・コト（制度的文化的資源）・カネ（経済的資源）の総称。　　76

第8章

ミクロ・メゾ・マクロレベルでの
ソーシャルワーク

　本章では，第7章までに学んだミクロ・メゾ・マクロの各レベルでのソーシャルワークが，どのように展開され，各レベルがどのように関わり合っているか，具体的な事例・エピソードからイメージし，整理していく。みなさん自身の生活している地域での社会福祉・ソーシャルワーク実践の展開についても調べ，理解を深めよう。

ミニワーク
　最近，あなたが気になったニュースを思い出してみよう。そのニュースは，あなたの暮らしにも起こりうることか，あなたの家族や友人にも起こりうることなのか，あなたの住む町でも起こることがあるのか，それは遠い町や国でのことなのか，考えてみよう。自分との距離感について検討してみよう。

　ニュース「　　　　　　　　　　　　　　　　　　　　　　　　　」

1　ミクロ・メゾ・マクロレベルへの介入

（1）ミクロレベルへの介入——個人へのソーシャルワーク

　「介入（かいにゅう）」という単語を国語辞典で調べてみると，「当事者以外が事件に関わること⁽¹⁾」という意味がある。ソーシャルワーク・社会福祉実践の領域で介入は，「クライエント（本人や家族）以外の専門職等第三者が，クライエントの生活やその課題に働きかけること」といえる。

　私たちの生活は，私たち自身が「こうしたい」と考え，自由に行動できる。ただし，社会にはさまざまな条件やルールが存在している。金銭や活動範囲，社会関係など自分の活用できる範囲を基本に行動・活動すること，他者の人権や財産を侵してはいけないこと，などである（「公共の福祉に反しない限りにおいて」という文言で表現されることがある）。一方，私たちは生活を送るうえで社会のさまざまなサービスを利用している。学校や保育所に通う，スーパーやコンビニエンスストアなどの小売店で食品や商品を購入する，公共交通機関を利用する，水道・ガス等の生活インフラを利用する，などをイメージできよう。見えないところ（意識されないところ）で，他者の仕事の成果やそのネットワークに支えてもらっているということでもある。

　何らかの課題を自分（や家族）だけで解決できない場合に，ソーシャルワークや社会福祉サービスの専門職が「個人の生活に介入」することになる。

　ミクロレベルのソーシャルワークは，個人やその家族の生活課題に対するソーシャルワーク支援，と言い換えることができる。

　【事例1】たとえばAさんは，「金銭管理が上手くできず毎月の後半，食品を買うお金がなくなってしまう」状況がある。そこに，社会福祉協議会の金銭管理サービスの担当支援員やソーシャルワーカーが毎週生活費を渡し，一緒に収支管理を行う。
　【事例2】Bさんは，「脳梗塞の後遺症のために，身体障害（片麻痺）が残り，買い物や家事が億劫になってしまう」状況がある。Bさんの希望や目標に基づいて毎月／毎週の介護サービスを計画・調整し，自宅で掃除や調理を行うホームヘルパーが訪問したり，送迎付きデイサービスに通ってもらうなど，介護サービスを利用し

てもらう。

　【事例3】Cさんは，「配偶者と離婚し，一人で小学校と保育園に通う子どもを育てているが，精神的な疾患があるために，掃除や洗濯をしたり，学校や保育園へ送り出しができなかったりする」状況にある。この場合，地域福祉コーディネーター，スクールソーシャルワーカーや保育園の保育士，**児童家庭支援センター担当者**，保健センター保健師，民生児童委員などが一堂に会してCさん家族をどのようにサポートするか検討し，それぞれの立場からCさん本人，小学生の子どもや保育園に通う子どもにサポーティブに関わることとなった。

　ソーシャルワークのプロセスは一般に，①ケース発見（対象者発見）と関係づくり，インテーク面接（初回面接・受理面接），②アセスメント（生活の全体像把握と課題分析），③目標と計画の設定（プランニング），④支援の実施（狭義の介入）と実施後のモニタリング（経過観察，介入後評価），⑤支援の終結と結果評価，アフターケア，という段階をたどる。

　クライエントにとってみれば，ソーシャルワーカー等の専門職は，ある時点から自分の生活領域に「踏み込んで」くる存在である。専門職（支援者）は他者（クライエント）のプライベートな空間に踏み込んで仕事をする必要があることに，慎重さも求められる。

（2）メゾレベルへの介入──組織・地域でのソーシャルワーク

　メゾレベルのソーシャルワーク支援の対象は，個人や家族の範囲を超えた，個人の属するグループや組織・団体，コミュニティ等である。個人が属する組織・集団や，個人の生活を取り巻く地域・環境の範囲が想定される。

　①個人の暮らす地域に関わる組織・団体（町内会・自治会，子ども会や老人会，マンション住民管理組合，地域コミュニティなど），②個人の生活や活動に関わる組織・団体（サークル，当事者グループ，自主活動グループ，ボランティア活動グループ，老人クラブなど），③学校に関わるコミュニティ（学校のクラス・児童会・生徒会・学生自治会，学校や保育園等の保護者会やPTAなど），④地域の経済活動に関わる組織・団体など（商店会・商店街，同業組合・同業コミュニティなど），⑤個人の生活する基盤に関わる組織・団体（施設の利用者グループ，寮やアパートなどの入居者グループ・自治会など），などである。

クライエント（住民，生活者，学生・生徒・児童など）のグループへの直接的な介入のほか，⑥支援者（職員）の組織・グループへの介入，もあり得る。社会福祉施設等の経営や運営管理にも置き換えられる場合がある。

次のような実践例はメゾレベルの介入である。

【事例4】D中学校の生徒（生徒会や地域ボランティアクラブ）と教員，中学校のある地域のD自治会・E商店会が協力して，地域の「防災マップ」を作ることになった。その支援を社会福祉協議会に配置されている地域福祉ソーシャルワーカー（コーディネーター）が支援した。まず，中学校の生徒・教員と，自治会や商店会の代表，地域の民生児童委員，地域消防団団員が中学校の会議室で一堂に会し（カンファレンス），お互いに持っている地域の課題や危険箇所について情報共有し，その後のマップづくりの作業スケジュール，発表の方法等について検討した。その後，定期的なミーティングを重ね，「防災マップ」を完成させた。

【事例5】施設や事業所等での実践の修正・改善も，メゾレベルの介入の一つとして捉えられる。F施設のソーシャルワーカー（支援相談員，生活相談員）が，直接援助部門の介護職や看護職，リハビリテーション専門職（PT，OT，STなど），栄養士，施設勤務医師に声をかけ，施設内カンファレンスの席で，利用者に対する接遇の改善について問題提起を行った。その後，チームごとに利用者対応の意識を修正するとともに，介護接遇に関する研修を行うことで，職員のケアの質が変化し，利用者や家族からも好評となった。このような例も，利用者個人の生活を取り巻く環境への介入と捉えられる。

（3）マクロレベルへの介入——地域・国・国際社会でのソーシャルワーク

マクロレベルへのソーシャルワーク介入は，メゾレベルを超えた範囲を対象としたソーシャルワーク実践である。個人の生活に介入するというよりは，個人の住む地域を含む市区町村や都道府県レベルの行政圏域，国全体，そして国際社会におよぶ範囲にわたる社会への介入である。特定の個人の権利回復や生活課題の改善への方法をきっかけに，マクロソーシャルワークの介入に発展したとしても，対象は，特定の個人ではなく不特定多数の人が想定される。

マクロレベルのソーシャルワーク介入は，社会変革や社会開発，社会的結束に向けたソーシャルアクションでもある。法制度やサービスの不足の解消や欠陥の是正，社会的世論の喚起，市民の意識変革などにより，社会や地域を暮ら

しやすい安心・安全なものにしていこうとする運動やそれらの実践である。また，その対象となる課題を現に抱えている個人の権利の回復や生活の改善につながっている。地域社会（市区町村・都道府県レベル）へのソーシャルワークやソーシャルアクション，国レベルにおけるソーシャルアクション（世論喚起，ロビー活動，マスコミや SNS 等での発信，署名提出等），国際社会におけるソーシャルアクション（国際社会における活動など），が挙げられる。

　最近の事例（社会的課題）では，次のようなものが挙げられる。

【事例6】性的少数者の人たちの権利回復や拡大に向けて，1980年代から多くの団体が組織されてきている。最近では性的少数者の人たちの婚姻やパートナーシップの制度整備に向けた運動や世論喚起などがある。2012年以降「TOKYO RAINBOW PRIDE（東京レインボープライド）」イベントが開催されており，イベントに協賛する企業の姿勢の PR の場ともなっている。また，当事者の国政選挙（国会議員）等への立候補と選挙運動，当選後の政治活動あるいは同性婚等の訴訟による司法判断とそれらの報道や行政への影響によっても，社会的に認知が拡がり，地域によって制度が整備されている。

【事例7】生活保護に関わるものとして，生活保護基準に関する訴訟がある。古くは1957年に始まる「朝日訴訟」があり，「生存権訴訟」ともいわれている。近年では，2013年から2015年の大幅減額改定について，受給者が市の減額決定の取り消しを求めた訴訟が全国各地で行われている。当事者や支援者等による組織や団体，ネットワークが結成され，インターネットでの情報発信や要望書の提出を行っている。また，相談会等の開催や，訴訟の判決についての報道により社会への発信を行っている。

【事例8】出入国管理及び難民認定法の改定や運用に関わって，特定技能実習生，難民申請者，出入国在留管理庁の収容所収容者や仮放免者等に対する処遇の問題が挙げられる。収容所内の処遇や，社会生活上での制限による生活困難の状況が挙げられる。被収容者死亡事件に関わる訴訟や抗議活動，それらに対する報道で社会的注目を浴びている。また，仮放免状態にあるクルド難民に関する映画の自主制作とその上映会の開催等で，その生活困難について社会的理解を拡げている。

【事例9】精神科病院の運営や医療の環境について，これまでも精神衛生法から精神保健法そして精神保健福祉法への改定を含め，強制入院（措置入院，医療保護入院）の実態把握，運用の是正，長期入院者の地域への退院促進等が図られてきている。テレビでのドキュ

メンタリー番組の放映や，インターネットやニュース報道等による情報発信・情報共有，研究集会，専門職や研究者のネットワーキングなどで社会的関心の拡大を図っている。

社会的マイノリティの状況にある当事者たちが抱える課題は，これらのソーシャルアクションですぐに改善されるのが難しいこともある。課題を抱える当事者も，地域社会の同じ一員であり，社会的包摂（ソーシャルインクルージョン）を図り，また当事者の安心・安全な生活を図ることにより，地域共生が推進される。

介入のプロセスと各レベルでの実践についてまとめると，図8-1のようになる。

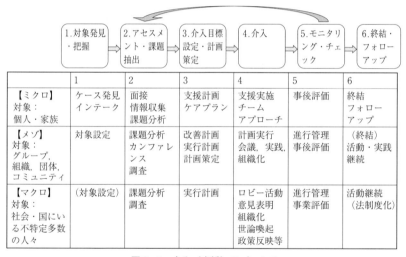

	1	2	3	4	5	6
【ミクロ】対象：個人・家族	ケース発見 インテーク	面接 情報収集 課題分析	支援計画 ケアプラン	支援実施 チーム アプローチ	事後評価	終結 フォロー アップ
【メゾ】対象：グループ，組織，団体，コミュニティ	対象設定	課題分析 カンファレンス 調査	改善計画 実行計画 計画策定	計画実行 会議，実践，組織化	進行管理 事後評価	（終結）活動・実践 継続
【マクロ】対象：社会・国にいる不特定多数の人々	（対象設定）	課題分析 調査	実行計画	ロビー活動 意見表明 組織化 世論喚起 政策反映等	進行管理 事業評価	活動継続 （法制度化）

図8-1　介入（支援）のプロセス

出所：筆者作成。

2　ミクロ・メゾ・マクロレベルの連関性

ミクロ，メゾ，マクロそれぞれのレベルから別のレベルを眺めたときに，その関係性やつながりがどのようなものかという「連関性」について検討してみる。【事例10】Sさん一家の生活課題を例にして，ミクロレベルと，メゾレベル，マクロレベルとの「連関性」について整理してみよう。

【事例10】人口約15万人のG市在住のSさん一家。住居は公営住宅（賃貸）。／父Sさん＝45歳。発達障害あり，対人関係が苦手。警備業の仕事，夜勤あり。年収約300万。／母Tさん＝39歳。アジア外国籍，来日10年，日本語が苦手。地域に友人・ママ友がほとんどいない状況。現在仕事はしていない（パート求職中）。Wさんの主介護者。／長女Uさん＝公立小学校3年生，9歳。不登校気味。／長男Vくん＝地域の保育園，5歳。発達障害を指摘されて，市内の療育センターに通い始めた。／祖母（父方）Wさん＝78歳，Sさんの母。アルツハイマー型認知症を発症して6年，身体状況は自立だが家事は難しい。要介護認定は受けていない。夫は10年前に逝去。

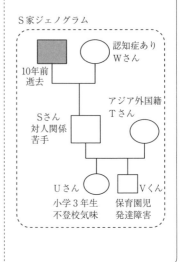

S家ジェノグラム

（1）個人からみた地域社会，支えられる組織

　ミクロレベルのソーシャルワークは，個人や家族の生活における生活関係や環境の改善，ウェルビーイングの維持・向上を図ることがその目的である。

　ミクロレベルのソーシャルワークが，相談支援や社会資源（制度，サービス，専門職等）との橋渡しをして，個人の生活に介入し，本人をエンパワメントすることで，その生活課題が改善・安定する方向に向かう。そのことにより，本人と本人を取り巻く家族などとの関係性が改善・再構築されたり，本人の身体的側面・精神心理的側面・社会関係的側面の状況が安定の方向に向かったりする。本人や家族等のQOL（生活の質）が上がり，ウェルビーイングの状態が拡大する。ここまでがミクロソーシャルワークの射程の範囲である。

　個人一人ひとりの生活が安定し，ウェルビーイングの状態であれば，それはその人を取り巻く環境にいる他者（家族，関係する友人，職場の同僚，学校の同級生，同じ地域や居住施設の住民等）にも，基本的にはプラスの影響を及ぼす。本人の生活が保たれること・支援されることにより，安心・安全が満たされ安定した感情的交流が行われ，それに触れる他者の生活の安心・安全につながる，

本人や周辺の人との有効な関係は構築・維持される，ということである。

【事例10‐1】Sさん一家においては，家族それぞれに何らかの生活課題を抱えている状況である。Sさんは，対人関係が苦手な中で夜勤のある仕事を継続し，一家の家計を支えている。妻のTさんは，来日間もなく出産し，子育ておよび義母のケアに手いっぱいの状況がある。子ども二人（UさんとVくん）やSさんの母（Wさん）も，生活に課題がある。

すでに，保育園児のVくんは，「保育園」や「療育センター」の保育士等の専門職との関わりがある。専門職は家族とも関わりを持つことがあり，ここで家族内の課題や悩みを聴くことができれば，次の支援の展開が拡がる可能性がある。

小学生のUさんは，学校に行かないことが多くなっており，小学校の担任教師，スクールソーシャルワーカー等との方針の共有等が必要になってくることが考えられる。Tさんは，日本語でのコミュニケーションに自信がなく，また地域に同郷の知人がいないため，家族以外の人間関係に乏しい状況がある。「社会福祉協議会」の地域福祉コーディネーターの介入や，地域の国際協会等の日本語教室や交流会等を手がかりに，地域に知り合いを増やすことで，孤立の状況を少しずつ解消し，安心感を得られるように進める。Wさんは，認知症の診断が出て6年経過し，記憶保持や家事遂行の難しさ等，Wさん自身も悩みを持っている可能性がある。「地域包括支援センター」や地域の「介護サービス」との接点がまだない状況である。要介護認定を経たうえで，「居宅介護支援事業所」の支援を得ながら介護サービスを利用できるように進める。

Sさんは，勤務も継続しており安定しているように見えるが，仕事や生活，家族それぞれが課題を持っていることでのストレスや悩みを持っている可能性がある。年収300万円だと，税金や保険料を引かれると手取り約240万であり，月額にすると約20万円である。5人家族の生活に余裕はない。居住地により生活保護の支給額に満たない場合があり（約21.7万円（3級地の2）〜約27.8万円（1級地の1）），不足分の生活保護費支給も検討される。経済的環境の安定も重要な支援課題の一つである。

（2）地域社会における個人の生活，施設における個人の生活

メゾレベルのソーシャルワークは，個人の属するグループや組織・団体，コミュニティ等を対象に行われる。そのグループや組織等の理念・方針，メンバー同士の関係性を変化させたり，活動や実践の展開を変化させたりする。そ

のグループや組織等の構成メンバーや参加者である個人の変化も意図している。

　メゾレベルのソーシャルワークが，地域に存在するコミュニティ（たとえば，ボランティアセンターを介した「朝の子どもの見守りグループ」など）にサポーティブ（支援的）に関わり，活動がより拡大の方向に展開する（見守りの場所やボランティアメンバーが増える等）。このことで，子どもや子育てする保護者の生活の安心・安全につながることが期待される。

　また，施設・機関内の運営方針・支援方針への介入，施設利用者のグループ（「入所者自治会」など）への介入も，メゾレベルのソーシャルワークの展開の一つといえる。ソーシャルワーカー自身の所属する施設等で展開されることが多い。施設利用者の生活を支える実践を，より利用者の生活の質の向上につなげる方向で，管理運営部門による方針決定・改善・修正，多職種連携・チームアプローチ，職員教育や研修，スーパービジョンなどが行われる。施設全体のケア・処遇の質が上がり，施設利用者の生活の質が向上する。これらは，ミクロレベルのソーシャルワークとの関連性が大きい。地域や施設・機関等におけるメゾレベルのソーシャルワーク実践が，先進事例や効果的事例として社会的に共有される場合がある。これらは，国の新規制度のモデル事業への指定，都道府県内での事業化，国全体の制度化等につながるなど，マクロレベルとの連関性として捉えられる。

【事例10-2】Sさん一家が住むG市では，次のような地域住民を対象にした実践が展開されている。まず，地域包括支援センターを中心にして，外出機会の少なくなっている高齢者を対象に「健康談話サロン」と「健康体操サロン」が行われている。Wさんへの声かけから，社会資源とつながることが期待される。

　また，外国籍住民のネットワーク活動，地域交流活動が，「○○国の料理教室」を中心に展開されている。Tさんの同郷の住民もいる。このような会があることを情報提供し，参加してもらうことができれば，Tさんの地域における社会関係の広がりが期待される。そして，不登校状態にある子どもたちの学校以外の居場所づくりの展開が「図書館」「児童館」で行われている。小学生のUさんへ配慮しながら情報提供と参加の声かけを行い，Uさん自身の関心があれば参加してもらう。学校以外の居場所ができたり，学校以外の地域の「大人」との新しい関係性が構築されたりすることが期待される。

（3）政策により，住民・市民の生活を支えること

　メゾレベルのソーシャルワークは，対象となるグループのメンバーを想定でき，組織に介入することでそこに属する個人の変化も想定できる。一方，マクロレベルのソーシャルワークは，その対象が不特定多数であり，特定の個人は想定されない。

　国レベルでの政策決定や，法令の制定・施行は，都道府県域での政策方針決定や実行，市町村・地域社会における方針や実践，施設・事業所の運営等に直接的に影響が及ぶ。都道府県，市町村，各施設・事業所レベルの社会福祉政策のあり方は，その住民（個人）の生活に直接的に影響が生じる。

　逆にいえば，国が政策を策定あるいは修正しなければ，都道府県や市町村域での政策は行われない（実行されない）。あるいは各都道府県や市町村独自で，条例や整備計画等の制定を行わなければ，政策は実行されない。その実行（実践）の範囲は条例や計画の制定された都道府県や市町村に限られる。区域外に暮らす人の生活には影響は及ばず，課題を残した状況のままである。

　国の社会福祉政策に基づいて，各都道府県や市町村は，さまざまな社会福祉計画（地域福祉計画，介護保険事業計画・高齢者保健福祉計画，障害者福祉計画，子ども・子育て支援事業計画等）を策定し，それらに基づいて地域の財政予算配分が行われ，社会福祉施設・事業所の整備やサービス量を調整する。

　国や都道府県，市町村の各レベルで，政策制定・修正，計画制定に向けて，議会や審議会・策定委員会等への参加，議員や委員・行政体への陳情などが行われる。また，テレビ・ラジオ，雑誌等のマスコミ媒体やインターネット・SNS，書籍発行等での情報発信，地域で行われる講演会や啓もう活動など，市民（住民）個人の意識改革を含む社会情勢の変化を図るソーシャルアクションも，マクロソーシャルワークの一つの方法である。これらの活動は，一部の抑圧されている状態にある人たちの解放やエンパワメントを図り，そのウェルビーイングを高めることが，政策実現の目標となる。

【事例10−3】2020（令和2）年社会福祉法改正で「重層的支援体制整備事業」が規定された。Sさん一家が住むG市でも，「重層的支援体制整備事業」が進められている。G市ではこの事業に基づいて市役所と2つの地域センターで，「市民生活なんでも相談窓口」を開設し，社協と協力し地域福祉コーディネーターを配置した。Tさんが相談に訪れたことで，地域に複合的な課題を持つ家庭が潜在的に存在していることが市の課題として共有された。G市では，外国ルーツの家族がいる家庭について，地域福祉コーディネーターが市民福祉協力員の協力を仰いで，状況の把握に重点を置くこととした。

ミクロ・メゾ・マクロの関係性を図にまとめると，図8−2のようになる。

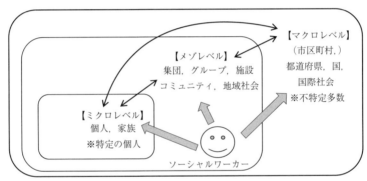

図8−2　ミクロ（micro）／メゾ（mezzo）／マクロ（macro）の関係性
出所：筆者作成。

注
(1)　山田忠雄ほか編（2012）『新明解国語辞典（第7版）』三省堂。

参考文献
東京都福祉局「東京ホームタウンプロジェクト」（https://www.fukushihoken.metro.tokyo.lg.jp/kourei/jiritsu_shien/tokyo-home-town-project.html　2023年5月21日閲覧）。
日本社会福祉士会監修（2021）『マクロソーシャルワークの理論と実践』中央法規出版。

学習課題

①　知っている社会福祉実践を一つ挙げ，それらが，「誰」の「課題」を対象に「どのような」実践を行っているか，整理してみよう。また，それについてグループで話し合ってみよう。

②　自分の「生活」が，地域のどんな組織・誰に支えられているか，国のどのような政策につながっているか，例を挙げてみよう。また，それについてグループで話し合ってみよう。

キーワード一覧表

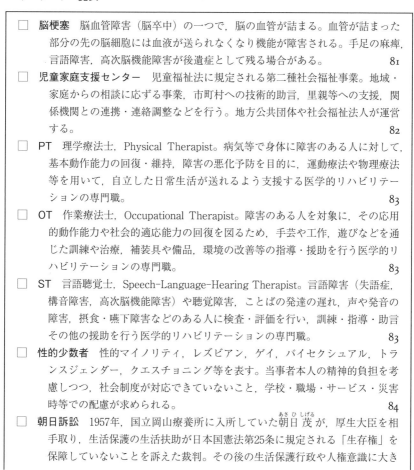

☐　**脳梗塞**　脳血管障害（脳卒中）の一つで，脳の血管が詰まる。血管が詰まった部分の先の脳細胞には血液が送られなくなり機能が障害される。手足の麻痺，言語障害，高次脳機能障害が後遺症として残る場合がある。　　　81

☐　**児童家庭支援センター**　児童福祉法に規定される第二種社会福祉事業。地域・家庭からの相談に応ずる事業，市町村への技術的助言，里親等への支援，関係機関との連携・連絡調整などを行う。地方公共団体や社会福祉法人が運営する。　　　82

☐　**PT**　理学療法士，Physical Therapist。病気等で身体に障害のある人に対して，基本動作能力の回復・維持，障害の悪化予防を目的に，運動療法や物理療法等を用いて，自立した日常生活が送れるよう支援する医学的リハビリテーションの専門職。　　　83

☐　**OT**　作業療法士，Occupational Therapist。障害のある人を対象に，その応用的動作能力や社会的適応能力の回復を図るため，手芸や工作，遊びなどを通じた訓練や治療，補装具や備品，環境の改善等の指導・援助を行う医学的リハビリテーションの専門職。　　　83

☐　**ST**　言語聴覚士，Speech-Language-Hearing Therapist。言語障害（失語症，構音障害，高次脳機能障害）や聴覚障害，ことばの発達の遅れ，声や発音の障害，摂食・嚥下障害などのある人に検査・評価を行い，訓練・指導・助言その他の援助を行う医学的リハビリテーションの専門職。　　　83

☐　**性的少数者**　性的マイノリティ，レズビアン，ゲイ，バイセクシュアル，トランスジェンダー，クエスチョニング等を表す。当事者本人の精神的負担を考慮しつつ，社会制度が対応できていないこと，学校・職場・サービス・災害時等での配慮が求められる。　　　84

☐　**朝日訴訟**　1957年，国立岡山療養所に入所していた朝日茂（あさひしげる）が，厚生大臣を相手取り，生活保護の生活扶助が日本国憲法第25条に規定される「生存権」を保障していないことを訴えた裁判。その後の生活保護行政や人権意識に大き

な影響を与えた。　　　　　　　　　　　　　　　　　　　　　　　　　84

☐　**仮放免**　出入国管理及び難民認定法の被収容者について，請求又は職権で一時
　　的に収容を停止し，一定の条件を付して身柄の拘束を仮に解く制度。対象者
　　には母国の政情不安などを理由に強制送還に応じない人もいる。仮放免者は，
　　働くことを禁じられ，医療など公的サービスを受けられない状況にある。84

☐　**医療保護入院**　精神保健福祉法第33条に規定される。対象は，入院を必要とす
　　る精神障害者で，自傷他害のおそれはないが，任意入院を行う状態にない者。
　　精神保健指定医（又は特定医師）の診察及び家族等のうちいずれかの者の同
　　意が要件となる。　　　　　　　　　　　　　　　　　　　　　　　　84

第9章

ソーシャルワークにおける
ソーシャルアクション

　ニーズを抱えるクライエントの権利を擁護し，当事者をエンパワメントし社会変革をうながすことはソーシャルアクションと呼ばれ，間接援助技術の一つとして位置づけられている。

　2014年にソーシャルワーク専門職のグローバル定義が採択されて以来，ソーシャルアクションはその解釈が拡大し，行政への働きかけにとどまらない幅広い活動となっている。ソーシャルアクションは，歴史上，ソーシャルワークの技術，あるいはコミュニティワークのモデルとして発展してきた。技法や捉え方は時代の変遷，ニーズの多様化に従って変化している。

　ソーシャルアクションを学ぶにあたっては，起源ならびに展開技法を一体的に理解しておく必要がある。

ミニワーク
　立場の弱い人あるいは不利な立場に置かれている人の要望や権利の確保（サービスの改善・開発含む）を国や自治体に求める必要のある事柄を具体的に挙げてみよう。

1　ソーシャルアクションとは

（1）ソーシャルアクションの定義

　ソーシャルアクションとは，「地域住民や当事者のニーズに応えて，社会福祉関係者の**組織化**を図り，世論を喚起しながら，既存の社会福祉制度やサービスの改善，また新たに制度やサービスの拡充・創設を目指して，議会や行政機関に働きかける組織的な活動[1]」とされ，「社会活動法」とも訳される。

　ソーシャルアクションの定義については，これまでの歴史上，時代や社会変動，ニーズによって技法や捉え方，対象に変化がみられる。しかし「その本質として不可欠な要素は，社会構造の変革，組織的活動，権限および権力保有者への直接的働きかけである[2]」。そのうえで，現時点での日本におけるソーシャルアクションの定義を高良は，「ソーシャルワークにおけるソーシャルアクションとは，生活問題やニーズ未充足の原因が社会福祉関連法制度等の社会構造の課題にあるとの認識のもと，社会的に不利な立場におかれている人びとのニーズの充足と権利の実現を目的に，それらを可能にする法制度の創設や改廃等の社会構造の変革を目指し，国や地方自治体等の権限・権力保有者に直接働きかける一連の組織的かつ計画的活動およびその方法・技術である[3]」としている。

　ソーシャルアクションに関わる用語には，社会改良運動，社会運動，社会福祉運動等がある。一つずつ整理し，違いを解説する。

　「社会改良運動」は，19世紀末から20世紀初頭にかけての独占的な資本主義のもとで生じた労働問題や社会問題を解決しようとした運動のことをいう。アメリカでは，熟練労働者による労働組合運動と並行して，未組織，不熟練，下層労働者の貧困に対するセツルメント運動や経済，社会体制の一部の修正を中心に展開された[4]。

　「社会運動」は，社会状況の改善や社会問題を独自に提起したり，政府の社会政策に対して推進または阻止を求める者が，同志を募り団結して行動を起こし，世論や社会，政府などへのアピールを通じて，問題の解決を図る動きを指

す。この中には，労働運動，市民運動も含まれる。

「社会福祉運動」は福祉施策の確立や円滑な福祉制度運用を求める運動，つまり福祉に関して変化を起こす運動のことをいう。ソーシャルアクションは，社会福祉運動と混同されがちだが，「社会的行動の方法的プロセスとソーシャルワーカー（福祉専門職）の技術的介入が重視されている[(5)]」ことから社会福祉の向上を目指す社会福祉運動とは区別され，社会福祉運動の中で展開される間接援助技術の一つであり，ソーシャルワーカーが行う社会変革の過程を実践する方法・技術のことをいう。

しかし，ソーシャルアクションの捉え方は，厳密には定まっておらず，ソーシャルアクションの概念規定が揺らいできていると牧里は述べている[(6)]。それは，ソーシャルアクションはソーシャルワーカーが用いる援助方法・技術あるいは，ソーシャルワーカーに限らず人々が運動・活動を行う方法・技術という捉え方があること，またコミュニティ・オーガニゼーションと不可分な関係にあり，当事者を含む運動と合わさる中でその識別が困難になっているためである[(7)]。

（2）ソーシャルアクションを学ぶ意義

ソーシャルアクションは，社会福祉士・精神保健福祉士養成課程の新カリキュラム（2020年改正）において，「ソーシャルワークの理論と方法（専門）」で学ぶ事項に位置づけられている。しかし本シリーズでは，「ソーシャルワークの基盤と専門職（専門）」である本書に掲載した。それは，次のような理由からである。

学生は社会福祉の学びの導入時，個人や集団へ向けた直接的援助に関心を示すことが多いが[(8)]，目の前にいる当事者の困難さや思い，制度の狭間にあるニーズに柔軟に応えようとするためには，政策や社会のシステムにぶつかることがある。また当事者が声をあげ，活動することが増えてきた昨今では，それらを側面的に支え，寄り添うことのできるソーシャルワーカーの役割がより求められる。そのときにこのソーシャルアクションは，直接的援助技術の限界を乗り越えるための方策として重要なスキルになってくる[(9)]。限られた養成期間の中でソーシャルアクションを実践的に学ぶことは難しいかもしれないが，これを

知っているか否かでソーシャルワーカーの視野の広さは変わってくる。そのため，社会福祉を学ぶ課程のうち，早い段階で始まるこの科目でソーシャルアクションを位置づけたのである。

（3）ソーシャルワーカーの役割

　ソーシャルアクションにおいて，ソーシャルワーカーに求められる主な役割は，ニーズ発信が弱いあるいは困り事を抱えている自覚がない当事者の代弁機能を果たすことである。これをアドボカシーという。もう一つは当事者主体を基盤に当事者のニーズを実現するために社会資源を組織化する役割である。これらについては詳しく後述する。

　そして，どの役割においても当事者を優先し，側面的支援をするソーシャルワーカーの立ち位置は揺るがない。おのずと管理的，教育的な役割を担うことは含まれない。

2　ソーシャルアクションのはじまりと理論展開

　ソーシャルアクションは，アメリカにおける19世紀後半以降の社会改良運動，ジェーン・アダムス（J. Addams）によるセツルメント運動などがその源流とされている。[10][11]

　社会改良運動の定義は先に述べた通りである。社会改良運動が展開された19世紀末から20世紀初頭は，18世紀以降の産業革命によって，独占的な資本主義が確立した時期である。手工業に代わり機械工業が発達し，大規模な工場と多数の職工が必要になった。[12]農業においても資本主義的革命が起こり，囲い込み[13]によって，それまで開放耕地制[14]であった土地での共同による農業生産ができなくなり，生活基盤を失った農民が都市へ集中し，やがてスラム街を形成した。低賃金の過酷な長期労働，大量失業が貧困状態を生み，社会問題が激しく起こったことで，大学教授や学生などのキリスト教社会主義者・社会理想主義者らを主体とし社会改良運動は展開した。社会改良運動の目標は，産業革命後に発生した中産階級者と労働者間における格差，これについて両者の社会問題的

認識の欠如を解消することだった。前者は，労働者の貧困問題を社会の問題とは捉えておらず，一方の労働者たちは，無知であり，急速な社会の変化についていくことができていなかったのである。[15]

　セツルメント運動を行ったジェーン・アダムスは，アメリカイリノイ州で出生した。幼いときに母親を亡くし，父親に育てられロックフォード女子神学校を卒業した。その後，父親が亡くなり，持病などの悩みを抱えながらイギリスロンドンに旅行した際，世界最初のセツルメントハウス「トインビーホール」に出会った。このことがきっかけで，帰国後，親友エレン・ゲーツ・スター（E.G. Starr）とともにシカゴ最大のスラム街にハルハウス（Hull-House）を設立した。ハルハウスを拠点とし，夜間学校，保育所，食堂，図書館，少女のための料理クラブ，女性のための労働時間の制限，参政権獲得の活動も行っていった。多くの女性たちもアダムスの事業に賛同し，市民運動を行うようになった。これがのちのソーシャルアクションである。

　ソーシャルアクションがソーシャルワーク方法論に位置づけられ始めたのは，1929年の大恐慌と，その打開策としてアメリカにおいてニューディール政策が打ち出された頃である。さらにソーシャルアクションという用語が公式に使用されたのは，1935年の全米社会事業会議の分科会であったとされている。[16]

　日本のソーシャルアクションは，昭和初年の方面委員を中心とした救護法の制定，実施促進運動に向けての活動が有名である。[17]救護法は，1929（昭和4）年に法制定されたが，財政状況から施行のめどが立たなかった。そこで低所得者層の救済などの事業を行っていた方面委員が全国方面委員会議で救護法成立を求め，議員とともに請願，陳情活動など実施促進運動を行い，1932（昭和7）年に施行された。このことについて，当初は，社会改良運動，社会活動などといわれていたが，1960年代に入り，社会福祉関連の研究・書籍・辞書等においてソーシャルアクションと位置づけられるようになった。[18]

　ソーシャルアクションは，ソーシャルワーク論およびコミュニティワークの中で論じられてきた。1935年にソーシャルワークを分類し，ソーシャルアクションを日本に紹介したのは，孝橋正一である。それまでアメリカでも5分類にされていたソーシャルワークをソーシャルアクションを含む6つに分類した。[19]

　アメリカでは，1968年にロスマン（J. Rothman）がコミュニティ・オーガニゼーション[20]の実践を3つのモデル（コミュニティ・ディベロップメントモデル，ソーシャル・プランニングモデル，ソーシャルアクションモデル）で発表し，コミュニティ・オーガニゼーションのモデルの一つとしてソーシャルアクションを示した。

3　ソーシャルアクションとアドボカシー

　ソーシャルアクションは，主体となる人のニーズや権利を求める声から始まる。しかし普段の生活の中で，誰しもがその権利があることを認識しているとは限らず，それに気がついていても声をあげることができない人もいる。そのようなときに重要なのがアドボカシーである。

　日田は，「アドボカシーとは，本人の主体化が果たせない環境や状態にある人びと，またはそのおそれのある人びとの基本的人権や権利を保護・獲得・形成するため，代弁・弁護，対決・交渉によって本人のエンパワメントを支援する活動[21]」と定義しており，高良は，「ソーシャルアクションは，エンパワメント理念に基づいたアドボカシー機能を果たすためのソーシャルワーク実践の形態である[22]」としている。つまりソーシャルワーカーは，アドボカシー機能を果たす一つの方法として，ソーシャルアクションを起こし，そのプロセスにおいては，当事者をエンパワメントしていくことが求められる。

　アドボカシーは「権利擁護」と訳されることが多い。ソーシャルワークにおける権利擁護は，虐待，知的障害・精神障害・認知症等によって意思決定や判断能力が低下している人の権利が侵されるリスクなどに対する支援が挙げられているが，近年は，時代の変遷とともに子ども，地域での孤立，新たに発生するあらゆる社会的排除に置かれた人など対象が多様になっている。ソーシャルワーカーは，彼らの代弁者となって権利を主張することや自己決定をサポートすることを行う。

　アドボカシーは，ケースアドボカシー（case advocacy）とコーズアドボカシー（cause advocacy）に大別される。ケースアドボカシーは，個人や家族を対

象にしたものであり，コーズアドボカシーは同じような状況に置かれた人々の集団，階層，コミュニティのためにその機能を果たす。ソーシャルアクションは，組織的活動であることから，コーズアドボカシーの活動と同様である。[23]

　しかし，ケースアドボカシーは必ずしも組織化をともなわず，アドボカシー自体は，権利実現という広い目的であるため，ソーシャルアクションとは区別されることに留意したい。

4　ソーシャルアクションの展開過程

　高良は，社会福祉士によるソーシャルアクションの実践を多数分析し，①制度／サービス改善交渉型，②非営利部門サービス／しくみ開発型，③非営利部門サービス[24]／しくみ開発・制度化交渉／協働型[25]の3つに分類したうえで，どれもが一定の成果を得られるとしている。そして政策主体だけでは対処しきれない状況があることや自助共助が強調され行政責任が縮小していることを考慮し，③の非営利部門サービス／しくみ開発・制度化交渉／協働型が，近年の日本の状況において最も有効なソーシャルアクションの型だと考えられると述べている。

　上述を踏まえ，特に制度から排除されている人びとのニーズの充足と権利の実現を目的にソーシャルアクションを実践するための協働モデルのプロセスをまとめたものが図9-1である。そしてソーシャルワーカーによる方法・技術は，主に5つの局面で構成され，実際の活動においては，同時進行やプロセスの進行に違いがある。[26]

　①　法制度等の課題とニーズの明確化

　目の前に起こっている課題は，どのような人のどのようなことから影響しているのか，ニーズを明確にしていく。法制度やシステムの機能不全や不足など課題を生じさせている原因を明らかにする。この過程では，ソーシャルアクションとして取り組むかどうかも判断することになるであろう。

　②　法制度等の課題とニーズの可視化・共有化

　①で，社会における不正義・不公平さを確認したうえで，社会調査による可

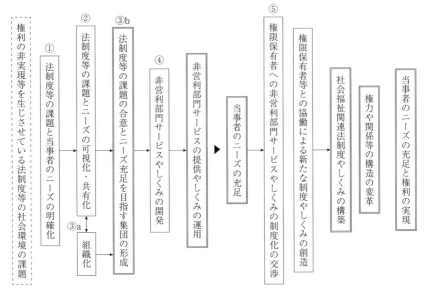

図9-1　ソーシャルアクションの実践モデルのプロセス

出所：高良麻子（2017）『日本におけるソーシャルアクションの実践モデル――「制度からの排除」への対処』中央法規出版，150頁の図を一部筆者加筆。

視化，報告書の作成・結果報告・配布，研修・検討・説明・情報交換など各種会の開催，個別説明（陳情含む），面談，マスメディア（新聞，広報誌，ホームページなどの記事を含む）を活用し，世論，③の組織化につなげるため人々を巻き込んでいく。

　③　組織化

　組織化は，活動主体のニーズを立法・行政に取り入れられるよう働きかけていくために，関係者，諸団体等をまとめ共通認識をもって取り組んでいくことをいう。ソーシャルワーカーは多様な社会資源を組織化する役割を持ち，イネーブラー（側面的支援者）としての役割も重要となる。組織化の方法には，団体を設立する（既存の団体の活用を含む），グループや集団をつなぐ，賛同者を募集するなどがある。①と並行して行われる場合には，その①の過程で結束力を高めていくことが可能である。また組織化の意味で，コミュニティオーガ

ニゼーション（地域組織化）と同じである。⁽²⁷⁾ソーシャルアクションとコミュニティワークが密接に関わりがあるのはこのような理由からである。

④　非営利部門サービス／しくみの開発

既存の制度を補完するようなサービスやしくみを開発し，利用の意義を見出したうえで，そのサービスの制度化を働きかけたり，このことによる改善案を提案していく活動である。新しいサービスの開発にあたっては，さまざまな団体がサービス事業に進出している。資金調達においても企業・財団による助成制度の他，インターネットを介して不特定多数の人々から少額ずつ資金を調達するクラウドファンディングなど新しい資金調達の方法も注目されている。

⑤　制度／サービス等の制度化交渉・協働

制度やサービス等の制度化を交渉にあたっては，署名活動，デモ活動，集会，陳情や請願などの方法がある。議員の紹介があるものを請願，ないものを陳情という。請願は国や県の機関に対して，要望を伝えたり，意見を述べたりする制度で，憲法や法律で保障された国民の基本的人権の一つである。

またかつては対立関係であった議員や行政職員が当事者団体や支援者等に協力を求めることも増えてきており，互いに協働する基盤が整ってきていると考えられる。⁽²⁸⁾

5　ソーシャルアクションの実際

ここでは，事例を通してソーシャルアクションの実際をみてみよう。

事　例

　ある障害児が亡くなり，市役所市民課で配布された死亡手続き一覧に従い，関連する3課で5つの手続きを母親が行うこととなった。同一の課・窓口であっても手続きごとに担当者が変わり，そのたびに子どもの死亡を説明しなければならず，母親は憔悴していった。やっとの思いで説明しても手続きは不要，郵送可能だったと言われたものもあった。

　後日，この件を，手続きに付き添ったソーシャルワーカーが障害児を抱える家族の会（以下，「家族の会」）で話題にしたところ，他の会員も医療的ケアや入院中の

付き添いの合間を縫って市役所に出向いていること，手続きが複雑で複数の課を行き来し手間がかかること，心無い対応やシステムに精神的苦痛を訴える意見が多かった【実態の把握，ニーズの明確化】。

その後，家族会や子どもを亡くした母親が集う会等に働きかけ，同士を集めた【組織化】。子どもを亡くした家族，および障害児を抱える家族の負担軽減と手続きの簡便化を課題とし，他地区の情報収集を行い，新たなしくみについて意見・案を集め報告書にまとめた【ニーズの可視化・共有化】。

ソーシャルワーカーは，市役所に働きかけ，話し合いの場を持つことになった。当日は，当事者である母親と他の母親たち，子どもたちも同席した【交渉】。

市役所側は，関係3課（市民課・児童家庭課・障害福祉課）の課長・職員が出席した。家族会側の要望を伝え，市役所側から死亡手続き一覧の資料と子どもが亡くなったときに必要な手続きを見直すこと，郵送で対応可能な手続きのすみ分けを市役所内で検討することが決まった【しくみ開発】。

後日，市役所側が新しい資料，システムを提示し，改めて母親たちと話し合いを持った。死亡手続き一覧には「お子さんが亡くなった場合」という一文をつけ加え，手続きの要否を明確にした。複数の課にまたがる手続きが，実は，市民課の手続き一つで済んでいるしくみがすでにあったことも明らかになった。郵送対応可能な手続きのすみ分けと説明資料，職員の説明責任も加えた。各種資料の言語表現に違和感や不都合はないかも丁寧に確認を行った。

その後，市役所内では，家族の状況を察し気持ちに寄り添う窓口対応の研修を行った。ある課長は「この市内で子どもが亡くなることは年間数名，これまで遺族から訴えが出たことはなく，考える機会はなかった。また子どもが亡くなる前提でシステムを作ることに抵抗があったが，かえって遺族の負担になっていたことを気づかせてもらった」と話した。

当事者である母親は，「制度を変えなくてもシステムの変更だけで救われる人がいる。考えてほしいのは寄り添い方だ」と語った【評価】。

注
(1)　空閑浩人（2009）「ソーシャルアクション」山縣文治・柏女霊峰編『社会福祉用語辞典（第7版）』ミネルヴァ書房，242頁。
(2)　高良麻子（2017）『日本におけるソーシャルアクションの実践モデル——「制度からの排除」への対処』中央法規出版，179頁。
(3)　(2)と同じ，183頁。

⑷ 冷水豊（1971）「SocialAction——アメリカにおける歴史的発展と批判」『関西学院大学社会学部紀要』22，248頁。

⑸ 牧里毎治（1993）「ソーシャルアクション」京極高宣監修『現代福祉学レキシコン』雄山閣，199頁。

⑹ ⑸と同じ，200頁。

⑺ ⑸と同じ，200頁。

⑻ 高木博史・金子充（2005）「ソーシャル・アクション再考——社会福祉運動と新しい社会運動の接続から生まれるもの」『立正社会福祉研究』6（2），2頁。

⑼ ⑹と同じ，2頁。

⑽ ⑷と同じ，248頁。

⑾ 高良麻子（2022）「社会資源の開発とソーシャルアクション」空閑浩人・白澤政和・和気純子編著『ソーシャルワークの理論と方法Ⅱ』ミネルヴァ書房，65～82頁。

⑿ 山田栄（1977）「イギリスにおけるセツルメント成立の過程とその特質」『平安女学院短期大学紀要』8，15～16頁。

⒀ 「囲い込み（エンクロージャー）」は，当時成長していた毛織物生産や穀物生産に使用するため，領主や地主が牧羊場や農場を垣根などで囲い込み，私有地化したこと。

⒁ 「開放耕地制」は，共有地として農地を共同で利用すること。収穫も分け合えるので，自然災害などによる被害も分散され小さくすることができた。

⒂ ⑷と同じ，248頁。

⒃ ⑵と同じ，30頁。

⒄ 渡邊かおり（2014）「ソーシャル・アクション研究における新たな視点——1960年代の研究を中心に」『社会福祉研究』16，29～32頁。

⒅ ⒄と同じ，30頁。

⒆ 「社会事業の基礎理論」（1950）において，ソーシアル・ケース・ウォーク，ソーシアル・グループ・ウォーク，コミュニティー・オーガニゼイション，社会事業管理，社会事業調査，社会的行動（Social Action）の6分法を論じた。

⒇ 地域を対象としたソーシャルワーク技術。地域組織化活動とも訳される。1939年全国ソーシャルワーク会議において，レイン（R.P. Lane）がセツルメントなどコミュニティを対象としたソーシャルワーク実践をコミュニティ・オーガニゼーションとすることを提唱した。

(21) 日田剛（2020）『ソーシャルワークにおける権利擁護とはなにか——「発見されていない権利」の探求』旬報社，46頁。

(22) 高良麻子（2013）「日本の社会福祉士によるソーシャル・アクションの認識と実践」『社会福祉学』53(4)，43頁。

(23) ⑵と同じ，87～89頁。

⒇　「非営利部門サービス／しくみ」は，公的な制度に基づくサービスやしくみではないという意図である。

⒂　(2)と同じ，149頁。

⒃　(2)と同じ，155〜156頁。

⒄　(5)と同じ。

⒅　(2)と同じ，168頁。

参考文献

篠本耕二（2018）「ソーシャルアクションの実践例に関する一考察——障害児医療費助成の窓口無料化運動の実践から」『東海学院大学紀要』12，73〜78頁。

学習課題

①　あなたの身の回りや実習，文献等で見聞きしたことで，弱い立場の人が制度拡充や創設，権利を求めて行った活動（ソーシャルアクション）を見つけてみよう。

②　あなたが身近に感じた課題を誰（団体）と，解決に向けてどのように活動するかを，難易度や予算に構わずプロセスや計画を考えて発表してみよう。

キーワード一覧表

□　**組織化**　活動主体のニーズを立法・行政的に働きかけていくために，さまざまな社会福祉関係者，諸団体等をまとめ取り組んでいくことをいう。　94
□　**ジェーン・アダムス（J. Addams）**　1989年シカゴ市のスラム街にセツルメントハウス「ハルハウス」を創設した。　96
□　**アドボカシー**　弁護，代弁，権利擁護と訳される。意思決定や判断能力が低下している人の代弁者となって権利を護ることをいう。　98
□　**エンパワメント**　本来個人が持っている力を発揮できるように援助すること。　98

第10章

ミクロ・メゾ・マクロレベルの
ソーシャルワークの展開

　本章では，ソーシャルワークの展開について学ぶ。一般的にミクロは個人・家族レベル，メゾは地域レベル，マクロは国の政策や世界（たとえば国連の動きなど）レベルを指す。ソーシャルワークは，人々に生活課題が生じるのは，個人と，環境との相互作用であると捉える。したがって，個々人の生活課題を解決するためには，個人に働きかけるのみならず，その課題の原因となっている社会にも働きかけることが必要である，という理念に立っている。ただ，社会に働きかける，とは一体どのようなことをするのかについてはこれまであまり明確にされてきていない。そこで，社会に働きかけるとはどういう事かを共有した上で，特に**マクロソーシャルワーク**の方法・展開の基礎を学ぶ。

ミニワーク
① 伝統的な慣習によって，一部の人が抑圧されている例に，どのようなものがあるかを考え，調べてみよう。

（　　　　　　　　　　　　　　　　　　　　　　　　　　　　　）

② 法律が新しくできたり，これまでの法律を改正するだけでは社会問題が解決しないこともある。そのような事例とその理由について考えてみよう。

（　　　　　　　　　　　　　　　　　　　　　　　　　　　　　）

1　マクロレベルの支援とは

（1）個人と社会はつながっている

　人は社会とつながりながら生きている社会的な生き物であるため一人では生きていない。この言葉はよく耳にするし，皆それぞれがそれを実感して日々過ごしているのではないだろうか。個々人の生活は社会からの影響を大きく受ける。そして，生活していると必ずといってよいほど何かしらの困り事が生じる。例を挙げると，病気や障害によって活動や社会参加が制限される。体調不良のため就労が困難になる。就労していても突然失業することもあり得る。あるいは，失業したことによって衣食住に要するお金に困ったり，離婚をして一人で子育てと仕事を両立させなければならなくなることもある。また家族の介護が必要となったためこれまでの生活が送れなくなる，などが挙げられる。

　ここでは，先に挙げたような，何かしら生活に生じる困り事を，日本国憲法第25条で掲げている「すべて国民は，健康で文化的な最低限度の生活を営む権利を有する」という誰もが保障されている生存権が脅かされている，または脅かされる可能性につながる課題やすでに侵されている状況を「生活課題」と呼ぶことにする。

　生活課題は，社会構造，言い換えると個人と社会との接点から生じるものである。しかし，過去から現在においても，人が生活に課題を抱えるのは，「自己責任」であるという捉え方がなされる場合が多い。たとえば，貧困に陥るのは，本人の努力が足りないためである，という見方である。その自己責任という考え方のように，確かに本人の努力が足りないがために貧困状態に陥る場合もあるのかもしれない。しかし，たとえば生まれつき障害があることによって，働く意思はあっても，障害がある人は雇用されづらい現実がある。あるいは，気持ちが落ち込んで働く意思はあってもどうしても体が思うように動かないときもあるかもしれない。また近年は，家庭間に経済格差があり，幼少期から受けられる教育の量や質に差が生じる，家族にケアが必要な人がいて幼少期からそのケアを担っていたことから学習に時間をかけることができなかった，など

本人の努力ではどうにも改善できない状況があることも指摘されている。

　このような場合は，ソーシャルワーカーが介入し，就労支援や学習支援につながることもある。このように本人に直接働きかける支援をミクロレベルと呼ぶ。しかし，一人の人が就職できた，あるいは休職したとしても生活が立ち行くようにコーディネートがなされた，またある一人の学習環境が整ったとしても，他に同じ状況にある人がたくさんいる場合，その問題は社会からなくならない。つまり，「障害がある人は雇用されにくい」，「体調不良のときに仕事を休むと生活が立ち行かなくなる」や「学習を思うようにできない」という社会で多く生じている事態が変わらない限りは，この問題は解決しないのである。このように，多くの人が同じ生活課題を抱えている状況に対して，それがどのような社会構造から生じているのかを分析し，そこに働きかけ，変化をうながすことで，より多くの人々の生活課題を緩和・解決しようと試みることが，マクロレベルのソーシャルワークである。

（2）個人の生活課題の根本解決の方法

　社会に働きかける，ということについてイメージが持てるように，ここで架空のイメージ事例をみてみよう。

イメージ事例

　あなたは小さな集落に住んでいる。この集落には大きな川が流れており，日々人々が生活をするために使用している。生活に密着した川であり，人々の生活には欠かせない。

　しかしこの川で，上流から毎日人がおぼれて流されてくる。集落の住人は，おぼれている人を見つけた場合助けることにしていて，毎日のように上流から流されてくる人を，その都度誰かが助けていた。しかし，ある日，一部の集落の住人が「なぜこうも毎日人が上流から流されてくるのか。上流に何か人が流される要因があるのではないか」という疑問を持ち，上流の状況を見に行った。すると，流れの速い本流とつながるため池のようになっている箇所があった。そしてそこで人々が水浴びを楽しんでいることがわかった。そのため池は，本流とつながっており，きれいな水を求めて本流に近づくと，速い流れに巻かれて流されてしまうことがわかった。

　そこで，集落の人々は，自治体と交渉してため池の周りに柵を作り，注意を喚起

する立て看板を立てた。また，集落の住人にため池で水浴びすることは危険である
ことを周知・啓発した。それにより川でおぼれる人は激減した。

　この事例をミクロな支援とマクロな支援に分けて考えてみると，川でおぼれ
ている人を助けることが，個人レベルのミクロなソーシャルワークであるとい
える。一方，川でおぼれる人をこれ以上出さないように事故を減少させようと
する働きかけなどがマクロレベルのソーシャルワークに該当する。たとえば，
自治体に働きかけ，危険な箇所に入れないように柵を設けたり，「危険！　入
るな！」といった看板を立てたりすることも考えられる。また，ため池は浅く
見えるが急に深くなっている箇所もあり，そこにはまってしまうとおぼれる可
能性があり，過去にも起きた事故が頻繁に起きていることを地域住民に周知・
啓発をすること，ため池は危険が潜んでいるので安易に入らないように教育す
ることもマクロレベルのソーシャルワークといえよう。
　このようにマクロレベルのソーシャルワークは，個人や家族単位といったミ
クロレベルにおいての生活課題の緩和・解決を目指すのと同時に，その課題が
どのような社会構造から生じているのかを分析し，変化をうながすよう社会に
働きかけ，「社会が変わる」ことを目指した取り組みである。

2　マクロレベルの支援は何を変えることを目指すのか

　ここで，「社会が変わる」とはつまりは何が変わることなのかを整理してい
きたい。木下は「社会が変わること」は，政権が変わる，法律が変わる，慣習
が変わる，状況・状態が変わる，人々の意識が変わる，が「社会が変わる」と
いうことの要素であり，これらの一つないしいくつか，あるいはすべてが変わ
ることで社会が変わる可能性を高める，と説明している。以下でそれぞれの詳
細を事例とともに確認していこう。

（1）政権が変わる
　政権とは，国の政治機構を動かす政治権力のことである。日本のように議院

内閣制の国では，選挙を通じて議会で多数の議席を得た政党が政権を担当する。そして，その政権を担当した政党がどのような国づくりを志向するかによって社会のあり方が変わってくる。最近の例では，2009（平成21）年に自民党から民主党（当時）に政権交代したことが挙げられよう。政権交代が起こったことで，それまでの自民党の経済政策，公共事業縮小，緊縮財政による社会保障費の削減，競争原理と効率を優先した政策展開から，民主党の「いのちを守る政治」「社会的包摂」「出番と居場所のある社会」を理念とし，公共事業の拡大，生活保障に重点を置いた政治に変わった。民主党が与党でいた時期は2012（平成24）年までと短かったが，高速道路の無料化や高校の授業料の無償化が提案され，また障害者自立支援法が違憲であると障害当事者から国が提訴されていたが，原告団と和解するなど，国民の日常生活や福祉に力が注がれるようになることが実感された。一方で，公共事業が削減されるなど，国の経済発展への注力が弱まるのではないか，という経済活動の鈍化が懸念された。このように，どの政党が与党になるかによって，社会のあり方が大きく変わる。

（2）法律が新しくできる・改正される

　「社会が変わる」というと，多くの人がこの「新たに法律が制定される」「これまでの法律が改正される」ことを思い浮かべるのではないだろうか。法律が新しくできたり改正されたりすることは，社会の新しいルールを決めるものであるといえる。

　法律が変わったことで，社会が変わったという例を挙げれば限りがないが，ここでは，障害児・者に対するサービスの提供のあり方に関する法律の制定によって，障害児・者の生活が大きく変わった事例をみてみよう。

　1998（平成10）年の社会福祉基礎構造改革によって，措置制度から契約制度に大きく転換し，障害児・者に対する福祉サービスの新たな提供システムとして，2006（平成18）年に「障害者自立支援法」が制定された。この法律の内容で，サービス提供のあり方は種々変わったが，その中でもサービス利用料の応能負担から応益負担への転換が最も大きかったといえよう。つまり，これまでは収入の状況に応じて受けたサービスの料金負担をしていたのが，サービスを

利用する頻度や回数に応じてサービス料金を負担するシステムに変更になったのである。

　これにより，障害が重い人がサービスを多く受けることで，利用料が増幅することから，収入が低い人たちは，サービスの受給量を削減しなければならない状況に追い込まれた。そこで，障害がありこの状況が社会的な課題と捉えた人々で，この制度が「生存権保障義務違反」であるとして国を提訴し，その結果，国が原告団の主張を受け入れ，障害者自立支援法が廃止され，2013（平成25）年に「障害者の日常生活及び社会生活を総合的に支援するための法律」（障害者総合支援法）が施行された。その中で，応益負担となった障害者福祉サービスは，応能負担へと戻った。このように，法律が変わることによって新たな社会の仕組みが生み出され，それによって人々の生活に変化をもたらす。そのことからも，法律が新たにできる・改正されることは，社会を変える要素の一つであるということができる。

（3）慣習が変わる

　法律などに規定されていなくても，私たちの価値観や行動に影響を及ぼすものに，慣習がある。私たちが生活している社会では，法的な拘束力がともなっていなかったとしても，先人が積み重ねてきた生活の知識として，「昔からそうだったから」という理由で，多くの人がしたがい，その結果それが社会の構造やシステムに反映されることがある。たとえば，男性の役割は外で働く，女性の役割は家事や育児，というジェンダー役割が代表的な例として挙げられる。労働市場における男女差は，女性は男性と比較してより賃金が低い，昇進の機会が少ない，雇用が安定しないといった経験をしてきている。また，女性は家事・育児の負担が男性より圧倒的に多い。さらに，家事・育児の負担についても，伝統的な女性役割の影響により，女性は家庭内での家事や子育ての負担が重く，職業との両立が難しい状況にある。男性の育児休暇取得率も低く，家庭の負担を女性が主に担っている傾向がみられる。

　これらは，以前は社会の慣習であり社会的な課題であるという意識もあまり持たれていなかった。しかし，「女性の権利」「女性の社会進出」という概念と

ともに，徐々に社会問題として取り上げられるようになり，近年では，これまで慣習として捉えられてきていたさまざまなジェンダーの役割が変化してきている。言い換えると，女性の社会進出や男女平等に関する意識の高まりにより，ジェンダーの役割や社会的な期待に関する慣習が変化してきている。男性が子育てや家事を積極的に担うケースや，女性が経済的・社会的な成功を収めるケースが増えてきている。このように，社会において慣習として認識され，それを前提に構築された社会システムを批判的にみて，変えていくことも社会を変えるための要素の一つである。

（4）状況や状態が変わる

　状況や状態が変わることも社会が変わる要素の一つとして考えられる。ここでいう状況・状態が変わるとは，自然災害の発生によって今までの社会のあり方に変化がもたらされたことに対して，その状況から，これまでの社会を取り戻す，あるいは，これまでの社会を取り戻すことを意識しながらも，これまでとはまた違った社会を再構築していくことを指すこととする。

　たとえば，日本では2020（令和2）年3月より徐々に認識され，その後社会のあり方を一変させた新型コロナウイルスが挙げられる。それ以前の人々は，国内はもちろんのこと，世界中の国々を行き来し，経済活動や余暇活動等を自由に展開してきた。しかし，世界各国におけるコロナウイルスの蔓延により，国の行き来はおろか，国内の移動や滞在も困難になったことで，さまざまな地域への移動や人と対面で会うことが難しくなり，これまでの社会のあり方が一変した。そのような状況下で，これまでの社会活動を継続するため，人々は，今までになかった方法を考案したり，あるいはメジャーではなかった方法を選択して，これまでの社会活動・経済活動の維持を試みた。また，各国において，既存のさまざまな社会保障制度の規制を緩和したり，新しい制度を作るなどして，窮地に追いやられそうになる人々に対する救済を図った。このようにして，人々は，これまでの社会・経済活動の基盤を維持するための，新しい方策の構築を図った。これも社会を変える，という概念を構成する要素の一つである。

（5）人々の意識が変わる

　最後に，人々の意識が変わることも社会が変わるための要素の一つであると考えられる。人々の意識が社会を変えた事例として思い浮かぶのが，ここ十数年の間にLGBTQIA＋である人々への意識が大きく変わったことである。人間の性は男性，女性の二つのみではなく多岐にわたっている，性の自認は必ずしも周囲の認識や戸籍上のものと同じではない，性の指向は生涯定まっているものではない，といったことが認識され，社会で受け入れていくことが進められている。

　このような変化は，LGBTQIA＋の人々がメディアやエンターテインメントの業界に登場することで，可視性と認識が高まり，存在が理解しやすくなってきていること，性的指向やジェンダーの多様性への理解が進み，個人の自己認識や表現を尊重する風土ができつつあることが要因と考えられる。また，このような意識の変化が進むにつれて，同性婚の合法化や差別禁止法の導入など，法律の改革によってLGBTQIA＋の人々の権利が法的に認められるようになってきている。さらに，企業や学校などの組織が，LGBTQIA＋の人々を包括的にサポートする取り組みを進めるようになってきている。

　このような変化によって，LGBTQIA＋の人々が自分自身を受け入れることや，周囲にカミングアウトすることに対する社会的な圧力が減少してきている。

（6）社会を規定するのは人々の意識

　以上，何が変わると社会が変わるのかを整理してきたが，政治や法律，慣習が変わること，また自然災害等で，これまでの社会のあり方が変わってしまったことに対する状況・状態に変化をもたらそうとするのも，人々の意識によるものである。したがって，「人々の意識」は，この4つに通底する土台と整理できる。つまり，社会は社会を構成する人々の意識によって規定されている，といえる。したがって，社会を変えるには，政治，法律，慣習，状況・状態のどこを変えていくかを考えたうえで，そこに人々の意識が向くように，あるいは人々の意識が変わるように働きかけていくことが有効なのではないかと考えられる。

3　マクロレベルの支援の展開

　以上をふまえたうえで，マクロソーシャルワークはどのように展開されてい
くのかを確認していきたい。まず，ソーシャルワーカーが社会を変えようとし
たとしてマクロレベルに働きかけるときに伝統的にとってきた方法である**ソー
シャルアクション**をみていこう。代表的なソーシャルアクションの方法として
挙げられるのが，デモンストレーションや抗議活動，市民署名やキャンペーン，
政治的な活動やロビー活動である。また，団体交渉，裁判闘争，勉強会の開催
や論文を書くなど活字を活用する場合もある。さらに，近年では，ソーシャル
メディアやオンライン活動も活発になってきている。確かにこれらは，社会を
変えるための方法であるといえる。

　ただ，それぞれの方法をとったとしても，それが単発で終わってしまうよう
であれば，目標としている「社会が変わる」というところまで到達できないで
あろう。そこで，それぞれのアクションに共通する，準備とそのアクションを
持続可能とし，目指している変化をもたらす可能性を高めるために必要な手続
きを表10-1で紹介する。

（1）社会を変えるための第一歩

　社会学者のジョエル・ベスト（J. Best）[2]は，社会問題とは，「社会に内在する
状態について関心を喚起する取り組みによって人々に認識されたもの」と説明
している。つまり，人の権利を侵害するようなことが起こっていたとしても，
その状態・状況はそのままでは社会問題とならない。生じている状況・状態に
対して，誰かが問題だとして声をあげ多くの人々に知ってもらい，多くの人々
がよくない状況という認識をして，はじめて社会問題となる。したがって，何
かしらの状態が問題である，人々の権利を侵害している，と捉えられた場合は，
まず「このようなことが起きている」「このような人権が侵害される状態が生
じている」と広く社会に訴えて知ってもらう必要がある。そのために必要なこ
とは，「声をあげること」であろう。

表10-1　伝統的なソーシャルアクションの手法

行動／手法	目的・役割
政治への直接行動	出馬，選挙投票，候補者擁立（市民連合結成）－ロビー活動（議員への働きかけ）－**請願**
デ　モ	問題の可視化，周知，啓発に役立つ
署　名	政府に声を届ける－ネット署名（Change.org など）
団体交渉	状況・状態，慣習を生み出している人・場所・組織の特定と働きかけ
裁判闘争	国等を訴える－例：生活保護引き下げ，優生保護法など
勉強会・研修会・講演会	教育・啓発となり社会問題の理解を深める
論文や書籍を書く	社会問題の理解を深める
新聞に投稿	社会問題の認識を広げる
SNS での発信	社会問題の認識を広げる
映像を作る	社会問題の認識を広げる－理解を深める

出所：筆者作成。

　先にみた，ソーシャルアクションの伝統的方法は，それぞれが声をあげてまずは多くの人に知ってもらい，それにより社会問題化をしている，というようにも考えられるだろう。声をあげることが，社会を変えるための第一歩である。

（2）社会を変えるための展開

　社会を変えるためにソーシャルアクションを起こす場合，そのための準備や目標設定が必要であり，その展開方法は，どの方法をとるにしても共通している。なお，ここでは，アクションを7つの項目に整理したが（図10-1），この順番通りに進めなくてはならないものではなく，どこから始めてもよいし，複数の項目を同時的に行っていくのが現実である。

　1．状況・状態を可視化する。そのために，変えたい状況・状態をどのように社会に伝えていくかを整理して言語化できるようにする。
　2．状況・状態についての具体的な事例を語れるようになること。また量的に表せるようであれば統計的にまとめグラフなどにする。
　3．目標を設定する。今回のアクションは何を達成するのか，を明確にする。
　4．同じ問題意識を持った人々とつながり，仲間を作る。

5．アクションが持続可能になるように，今回のアクションの仲間とともに組織を
　つくる。

6．変えたい状況・状態を人々に知ってもらい，社会問題とするための広報・啓発
　活動をし，理解者を増やす。

7．ここまでのアクションを振り返り，目標の達成状況を評価する。また今後の方
　向性を検討する。

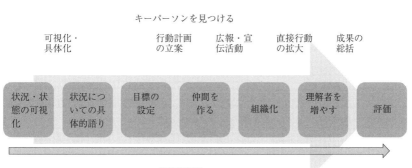

図 10-1　ソーシャルアクションの展開過程

出所：筆者作成。

4　マクロレベルの支援ができるようになるために

　ソーシャルアクションはソーシャルワーカーのみが行うものではない。たと
えば社会的企業，活動家，個人などが声をあげ，ソーシャルアクションを展開
することも少なくない。むしろ，ソーシャルワーカーは，環境に働きかけ，社
会に変化をもたらす専門職であるとされながら，日本においては，ソーシャル
ワーカーがソーシャルアクションを行えていない，と批判的な見方もされてい
る。

　ただ，組織に所属している場合，組織に求められる役割に，ソーシャルアク
ションを展開することを期待されていないことも想定される。そのような場合
は，プライベートで自らアクションを起こしていくことも考えられるが，持続
していくことは容易ではない。自身が直接的に活動に参加しなくても，ソー

シャルアクションを展開できる立場にある仲間や専門職などの理解者を見つけ，その人たちに役割を渡していけばよいのではないかと考える。このように間接的に関わることも十分なソーシャルアクションである。ただ，そのためには，日頃のソーシャルワーク実践から人々の生活課題がどのような社会構造から生じているのか，を意識しながらミクロ支援に携わっていく必要がある。つまり，常にミクロとマクロはつながっているという意識を持ち続けることが，ソーシャルワーカーの専門性を構成する要素の一つであることを忘れてはならない。

注

(1) 木下大生・鴻巣麻里香編著（2019）『ソーシャルアクション！あなたが社会を変えよう！──はじめの一歩を踏み出すための入門書』ミネルヴァ書房。

(2) ベスト，J.／赤川学監訳（2020）『社会問題とは何か──なぜ，どのように生じ，なくなるのか？』筑摩書房。

学習課題

① これまで「社会が変わった」と強く感じた事象を挙げ，今回示した社会が変わるための要素のどれにあてはまるかを考えてみよう。

② 現在あなたが「変えたい」と考える事象について，「なぜ変えたい・変えなくてはならない」と考えるのかを説明してみよう。

キーワード一覧表

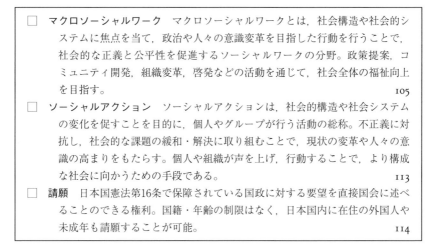

☐　**マクロソーシャルワーク**　マクロソーシャルワークとは，社会構造や社会的シ
　　ステムに焦点を当て，政治や人々の意識変革を目指した行動を行うことで，
　　社会的な正義と公平性を促進するソーシャルワークの分野。政策提案，コ
　　ミュニティ開発，組織変革，啓発などの活動を通じて，社会全体の福祉向上
　　を目指す。　　　　　　　　　　　　　　　　　　　　　　　　　　　　105

☐　**ソーシャルアクション**　ソーシャルアクションは，社会的構造や社会システム
　　の変化を促すことを目的に，個人やグループが行う活動の総称。不正義に対
　　抗し，社会的な課題の緩和・解決に取り組むことで，現状の変革や人々の意
　　識の高まりをもたらす。個人や組織が声を上げ，行動することで，より構成
　　な社会に向かうための手段である。　　　　　　　　　　　　　　　　　113

☐　**請願**　日本国憲法第16条で保障されている国政に対する要望を直接国会に述べ
　　ることのできる権利。国籍・年齢の制限はなく，日本国内に在住の外国人や
　　未成年も請願することが可能。　　　　　　　　　　　　　　　　　　　114

第Ⅲ部

総合的かつ包括的な支援と
多職種連携の意義と内容

第11章

総合的かつ包括的な支援の考え方

　誰もが住み慣れた地域で安心して暮らすことができる地域社会の実現のために，対象や分野に制限されない福祉相談を受け止める体制の整備が必要とされている。この背景には，個人や家族，社会が抱える生活課題は単独で発生しているのではなく，同時，並行的に発生し，それらが複雑に絡み合っていることがある。このような，福祉ニーズが複雑化，多様化し，さらに重複しているような場合には，各制度やサービスの利用，専門職がそれぞれ個別の対応を行うだけでは十分な支援にはならないことがある。

　これらの状況に対し，個人や家族，地域社会を含めた支援ができるソーシャルワーカーが求められており，昨今では総合的かつ包括的な対応が求められている。具体的には，ソーシャルワーカーが中核となり，ジェネラリスト・ソーシャルワーク（generalist social work）の視点による支援を展開し，支援者のフレームにあてはめるのではなく，人々の福祉ニーズに基づいた支援策が求められ，それを実現できるような相談支援体制の推進が図られている。

ミニワーク
① 社会の課題ともなっている生活課題が重複している例について挙げてみよう。

（　　　　　　　　　　　　　　　　　　　　　　　　　　　　　　　　　）

② 対象や制度別による相談支援の体制においては，場合によって利用者の福祉ニーズを充足できない場合がある。その例について考えてみよう。

（　　　　　　　　　　　　　　　　　　　　　　　　　　　　　　　　　）

1　総合的かつ包括的な支援が求められる背景と体制の整備

（1）対象，制度別による福祉サービスの提供における課題

　これまでの日本の福祉サービスは，対象，制度別に発展してきた。たとえば，高齢者，児童，障害者の分野をみてみると，高齢者福祉施策については，地域包括ケアシステムの推進が図られ，要介護状態となっても自分らしい生活を地域で続けることができるように体制づくりが進められてきた。また，児童福祉施策では，近年地域の子育て支援が重視され，子育ての孤立感，負担感の解消を図ることができるような取り組みが推進されている。そして，障害福祉施策については，個々の生活の場を施設から地域へ移行するための施策が推進され，障害のあるすべての者があらゆる分野の活動に参加し，それぞれに応じて意思決定や自己実現を図ることができる支援が拡充している。このように，主として対象，制度別による支援の視点から，個人，家族，集団，地域への支援の充実を図ってきた経緯がある。しかしながら，制度やサービスが定める対象や範囲においては，制度の狭間が生む福祉ニーズや新たな福祉ニーズについては対応が難しいことも散見されるようになってきた。この背景には，福祉ニーズの多様化や複雑化，個人の暮らしの価値観が尊重されるようになり，より個別の状況に合わせた支援が求められているからである。

　このような状況に対して推進が図られているのが総合的かつ包括的な支援による相談体制である。これは，個人のみに焦点を当てた支援体制ではなく，家族等の周囲環境，地域社会を含めた支援の実現が必要とされ，対象や制度別にこだわらず，複雑化，多様化する福祉ニーズに対し積極的に支援していこうというものである。具体的な福祉課題を提示すると，**介護と育児のダブルケア**，8050世帯等が挙げられる。

　ここでは，介護と育児のダブルケアについてみていく。ダブルケアとは，子育てと親や親族のケアや介護を同時に担う状態のことを指し，すべての団塊の世代が後期高齢者に移行する2025年以降顕著になると考えられている。ダブルケアの課題を整理すると次の3点が挙げられる。1点目は，育児や介護に必要

な物品購入費，サービス利用にかかる費用等の金銭面の負担がある。2点目は，ダブルケアは特に，女性へ負担が偏っており，過度なケアを担うことにより心身に不調をきたすこともあるほどの女性のケア負担が挙げられる。そして3点目は，法制度によるサービスやサービス間の横断的な対応が困難な点が挙げられる。このような要因によって，ケアを担う者は，子育てと介護で心身ともに疲弊し，身体的な健康を失うだけでなく，ケアの負担が生み出す社会的な孤立，社会的な役割の剝奪にもつながっている現状がある。これらの対応については，子育てと介護の別々の視点から状況を把握することに加え，ケアをする者の生活状況をトータルに把握することや，家族内の人間関係，地域の状況などをふまえた総合的な視点から福祉ニーズを整理することが必要である。さらに，女性支援，ケアを必要としている本人の福祉ニーズも含めて課題の解決や軽減を目指していくことが求められる。

　介護と育児のダブルケアの例でみたように，対象者個人に加え，家族や地域社会等のニーズを把握し，それをふまえた支援計画の作成とサービス利用の検討について考えていく必要があり，横断的で包括的に支援を提供することが求められる。複数の要因が絡み合う課題を十分に支援していくためにも，これまでの制度や対象ごとの支援をしていくというフレームにとらわれない支援の視点，ソーシャルワーカーとしての知識や技術，価値を学ばなければならない。

（2）総合的かつ包括的な相談支援の体制と法制度の整備

　総合的かつ包括的な相談支援体制とは，複合的な生活課題を抱えた者に対し，フォーマルである行政や各種相談支援に関わる専門職をはじめ，インフォーマルという非専門職である地域住民やボランティア団体等が連携を図り，身近な地域で相談支援ができる体制のことをいう。このような相談支援体制を整備していくためにも，ソーシャルワーカーが各種機関で中核的な存在となり，各関係機関の機能や役割を十分に把握し，対象となる者のアセスメント，支援計画の作成，支援の実施および管理をしていくことが求められる。そして，必要に応じてケースカンファレンスを開催し，参加者が適切に情報を共有できる環境を整備し支援について話し合いの場を持てるようにしていかなければならない。

図 11-1　地域を基盤としたソーシャルワークをめぐる 3 つの概念
出所：岩間伸之（2011）「地域を基盤としたソーシャルワークの特質と機能——個と地域の一体的支援の展開に向けて」『ソーシャルワーク研究』37(1)。

　次に，総合的かつ包括的な相談支援体制の法制度の整備では，2021（令和 3）年 3 月に「地域共生社会の実現のための社会福祉法等の一部を改正する法律」が示された。改正の趣旨としては，地域共生社会の実現を図るため，地域住民の複雑化・複合化した支援ニーズに対応する包括的な福祉サービス提供体制を整備する観点から，市町村の包括的な支援体制の構築の支援，地域の特性に応じた認知症施策や介護サービス提供体制の整備等の推進，医療・介護のデータ基盤の整備の推進，介護人材確保および業務効率化の取り組みの強化，社会福祉連携推進法人制度の創設等の所要の措置を講ずることとされている。そして，この中で市町村においては，既存の相談支援等の取り組みを活かし，地域住民の複雑化・複合化した支援ニーズに対応する包括的な支援体制を構築することとなっている。具体的な取り組みとして「Ⅰ相談支援，Ⅱ参加支援，Ⅲ地域づくり」に向けた支援を実施する事業がある。「Ⅰ相談支援」においては，属性や世代を問わない相談の受け止め，多機関の協働をコーディネートしながら，アウトリーチの実施がされることになった。「Ⅱ参加支援」では，既存の取り組みでは対応できない狭間のニーズにも対応（既存の地域資源の活用方法の拡充）が進められている。そして「Ⅲ地域づくり」に向けた支援では，世代や属性を超えて住民同士が交流できる場や居場所の確保に取り組まれている。

　このような相談支援の実践の基盤をなすのは，図11-1 で示すように地域を

基盤としたソーシャルワークである。これは，後述するジェネラリスト・ソーシャルワークを基礎理論としたもので，地域で展開する総合相談を実践概念とする，個を地域で支える援助と個を支える地域をつくる援助を一体的に推進することを基調とした実践理論の体系である。⁽²⁾

　この考え方は，福祉ニーズを有する利用者の個だけに着目して支援をするのではなく，その人の環境などの社会的，心理的，身体的な状況を包含して把握し，かつ住み慣れた地域社会において生活を営むことができるように支援をしていくとするものであり，総合的なソーシャルワークを展開できる相談支援の体制を構築していくと説明される。これがこの後に説明していくジェネラリスト・ソーシャルワークを基盤とした実践である。

2　ソーシャルワークの統合化の流れと ジェネラリスト・ソーシャルワーク

（1）ソーシャルワークの統合化

　ソーシャルワークの統合化とは，ソーシャルワークの共通基盤をなす主要な3方法であるケースワーク，グループワーク，コミュニティワーク（表11-1）の共通基盤が一体化したものである。これにはソーシャルワークが専門職として成立する過程において，その実践を全体的に捉え，共通基盤を明らかにすることが求められた経緯がある。

　この3方法の統合化のきっかけとなったのは，1923年からアメリカのペンシルバニア州ミルフォードで開催されたミルフォード会議である。この会議には，アメリカ家族福祉協会，アメリカ病院ソーシャルワーカー協会，アメリカ児童福祉連盟，アメリカ精神医学ソーシャルワーカー協会，国際移住サービス，全米旅行者援助協会，全米訪問教師委員会，全米非行防止協会の8団体が参加し，分野ごとに専門分化されていたケースワークに共通する視点や基本的な事項について検討された。そして，1929年にミルフォード会議の報告書において「ジェネリック」という概念が登場し，統合化へのさきがけとして評価されている。「ジェネリック」とは，各分野に共通する基盤があるという視点であり，

表11-1　ソーシャルワークの援助方法

	援助技術レパートリー	主要技法	対象	目標	特性
直接援助技術	個別援助技術 （ケースワーク）	面接	個人・家族・関係者	ニーズの充足・社会生活の維持と向上への支援	社会福祉サービスの提供と活用・環境調整
	集団援助技術 （グループワーク）	グループ討議・利用者相互の話し合い	小グループ・関係者	小グループとメンバーの共通課題達成への支援	グループ活動とプログラムの展開
間接援助技術	地域援助技術 （コミュニティワーク）	協議会活動・地域福祉活動構成メンバーによる話し合い	地域住民と地域組織の関係者	地域福祉課題の解決と住民組織化への支援	地域福祉サービスの提供と地域福祉活動の展開
	社会福祉調査法 （ソーシャルワーク・リサーチ）	統計調査技法事例調査技法テストなど	個人・家族・住民・社会福祉従事者・関係者	ニーズ把握とサービス評価・施策改善への情報提供	ニーズとサービスの適合性の整備・フィードバック
	社会福祉運営管理 （ソーシャル・ウェルフェア・アドミニストレーション）	運営協議会・各種委員会活動	運営管理者・社会福祉従事者・利用者・関係者	サービスの計画・運営改善とニーズのフィードバック	運営管理者・社会福祉従事者・利用者の参加と協働
	社会活動法 （ソーシャルアクション）	集会・署名・請願・陳情・交渉・デモ・裁判など	当事者グループ・ボランティア・一般市民・関係者・社会福祉従事者	社会福祉サービスの改善向上・施策策定・社会改善	世論の喚起・参加と協働・立法や行政的対応の促進
	社会福祉計画法 （ソーシャル・ウェルフェア・プランニング）	地域福祉推進計画会議活動	施設機関・行政・住民・社会福祉従事者・関係専門家	地域福祉ビジョンの策定・課題・実施計画の立案	ノーマライゼーション・統合化・参加と連携
関連援助技術	ネットワーク	社会福祉サービス調整会議活動	個人・家族・社会福祉従事者・ボランティア・関係者	支援組織の育成と地域福祉の展開	ミクロからマクロの支援組織網の整備と推進
	ケアマネジメント	支援サービス担当者会議	個人・家族・社会福祉従事者・関係者	利用者中心のサービス提供計画と運営の推進	ニーズとサービスの適合化・サービスシステムの整備
	スーパービジョン	面接・グループ討議	社会福祉従事者・社会福祉訓練受講生	従事者支援・支援方法の検討と評価・業務遂行訓練	社会福祉従事者訓練と教育・専門性の維持と向上
	カウンセリング	面接・グループ面接	個人・家族・小グループ	心理的・内面的・個人的問題の解決	対人援助と社会的適応
	コンサルテーション	相談・協議	社会福祉従事者	隣接関連領域の専門家の助言と協議	学際的支援知識の活用と協働体制の構築

出所：太田義弘（2007）「社会福祉援助技術の体系」社会福祉士養成講座編集委員会編『新版　社会福祉援助技術論Ⅰ（第3版）』中央法規出版，143頁。

これ以降，分野ごとの専門性である「スペシフィック」な領域がありながらも，「ジェネリック」という基盤に立った専門職としてのソーシャルワークの位置づけが示された。これは専門職の統一した教育を行う流れにもつながっていった。

そして，1955年に全米ソーシャルワーカー協会（National Association of Social Workers：NASW）が結成されたことを契機として，統合化の流れがうまれた。1950年代以降，それまで分割されて用いられてきたケースワーク，グループワーク，コミュニティ・オーガニゼーションを主とした直接的な支援活動，間接的な支援活動を統合する必要性が高まっていた。本格的に注目を浴びた1960年代後半の北米では，スペシャリスト実践の専門性を強調するためにジェネラリスト実践の重要性が唱えられた。専門分化していた方法では今日の複雑で多様な生活課題への対応が難しくなってきており，総合的な視点を持つ実践者の養成が必須となっていた。そして，教育カリキュラムの再編の中でジェネラリスト教育が広く認知されるようになった。その後，1974年には，アメリカのソーシャルワーク教育協議会が学士教育にジェネラリスト教育の基準を設けている。

このように，歴史的な経緯からみるとアメリカでは，1960年代以降のスペシャリスト実践に対する課題と反省をふまえて実践者教育に焦点化し，個人や集団，地域，社会までを視野に入れたジェネラリストへの養成と実践に重点を置き始めた。そして，実践の領域を問わず，共有基盤を有する専門的実践はジェネラリスト・ソーシャルワークやジェネリック・ソーシャルワーク等と理解されるようになり，1970年代以降の方法論の統合化に関心が集まっていくことになる。これらのソーシャルワークの統合化からジェネラリスト・ソーシャルワークの成立までの過程を示しておく（図11-2）。

（2）日本における統合化の影響

日本においては，主にアメリカの影響を受けながら，1970年代以降ソーシャルワーカーの統合化に関する議論がされてきた。アメリカから導入されたケースワーク，グループワークが直接援助技術，コミュニティワーク，ソーシャル

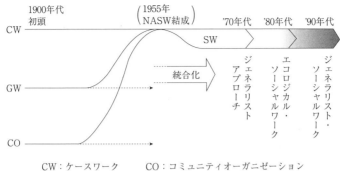

CW：ケースワーク　　　CO：コミュニティオーガニゼーション
GW：グループワーク　　SW：ソーシャルワーク

図11-2　ソーシャルワークの統合化とジェネラリスト・ソーシャルワークの成立
出所：岩間伸之（2005）「講座　ジェネラリスト・ソーシャルワーク　No.1」『ソーシャルワーク研究』31(1)。

ワーク・リサーチ，ソーシャルアクション，ソーシャル・ウェルフェア，アドミニストレーションなど（表11-1）が間接援助技術と位置づけられ，伝統的に「社会福祉方法論」とされ，ソーシャルワーク教育においても援助技術として用いられてきた。このような背景のもと，2007（平成19）年に社会福祉士及び介護福祉士法が改正され，社会福祉士養成課程の教育内容も見直された。今後の社会福祉士には，地域の福祉課題を把握することをはじめ，社会資源の調整と開発，ネットワークの形成を図る等，地域を基盤とした福祉の増進に努める役割が期待されることとなった。また，「相談援助の基盤と専門職」の教育内容には，総合的かつ包括的な援助と多職種連携（チームアプローチを含む）の意義や内容を含み，ジェネラリストの視点を持って総合的かつ包括的な援助の意義と内容をふまえたジェネラリスト・ソーシャルワークの教育が整備された。

3　ジェネラリスト・ソーシャルワークの日本における展開

（1）ジェネラリスト・ソーシャルワークとは

　今日において，国際的にも一般的なソーシャルワークの基礎理論としてジェネラリスト・ソーシャルワークが広く浸透している。「ジェネラリスト」とは

一般的に，幅広い知識や知見，技術，経験を備えた職業人を指す言葉である。また，さまざまな分野の担当者をまとめる役割を担う人材を含むものとされている。

　ジェネラリスト・ソーシャルワークは，おおむね1990年代以降に確立した「現代ソーシャルワーク理論の構造と機能の体系」と捉えることができ，それは，単にソーシャルワークの実践領域や対象に共通している基礎的・入門的な内容を意味したものではなく，ソーシャルワークの統合化以降の知識・技術・価値を一体的かつ体系的に構造化したものであり，現代ソーシャルワークの特質を色濃く反映しているとされる。(3)

　ジェネラリスト・ソーシャルワークの基盤となる理論を説明すると，画一的に定義をすることは容易ではないが，システム理論や生態学的視点，ストレングス等のさまざまなアプローチがその特徴として示される。さらには，これまでソーシャルワークの隣接領域とされてきた地域福祉やグループワーク，ケアマネジメント等の実践方法にも対応する柔軟な考え方を備えている。

（2）ジェネラリスト・ソーシャルワークの視点

　ジェネラリスト・ソーシャルワークの視点を持つソーシャルワーカーは，個人，家族，集団，地域などさまざまな対象やレベルでの変革に影響を与え，適切な介入をするために重要な役割を持っている。対象となる者の生活を総合的な視点で捉えて支援を行う考え方であり，本人の主体性を尊重し，家族や地域等利用者を取り巻く環境との関わりを重視し，相互作用をしながら福祉ニーズの解決，軽減を目指すものである。

　ここで，得津が整理をしているジェネラリスト・ソーシャルワークの基盤となる理論，アプローチとしてシステム理論，生態学理論，ストレングスアプローチを示しておく。(4)

　システム理論は，システムの構成要素となるものは絶えず環境とともに変化するものだと捉え，個人は環境に影響を及ぼすことになり，また環境によって個人は影響を受けるという視点を持つ。つまり，人と環境の交互作用に焦点を当て，人と環境との全体的視座から対象を把握し，対象者の理解を深めようと

するものである。

　次に，生態学理論について説明する。もともと生態学とは「生物と環境，または生物同士の相互作用を理解しようとする」ものであり，生態学的な視点は，個人と，その個人を取り巻く環境との相互作用を通じて，人間は発達，成長していくという考えを示した理論である。人が持つ関係性は一方通行ではなく，同時に自分もその周囲もお互いに影響を及ぼし合っているという考えを重視している。また，他の生物体とも相互作用をもっていると捉え，それを全体的に捉えようとするものである。そして，この生態学理論を用いてソーシャルワークにおいては，人と環境の相互作用を基本とし，支援の対象となる者を個人として捉えるのではなく，集団の一員として，その当事者が置かれた環境や周囲の環境，社会背景まで広く把握，理解しようとするものである。この生態学的な視点を導入し，より環境への働きかけを強調したのがジャーメイン（C.B. Germain）である。1980年には，ジャーメインとギッターマン（A. Gitterman）が『ソーシャルワーク実践のライフモデル』（*The Life Model of Social Work Practice*）を共著で著し，ライフモデルを体系化した。

　そして，ストレングスアプローチは，利用者の欠点や不足している部分に焦点を当てすぎるのではなくストレングス＝強み，長所を見出して関わり，できることに着目して大切にする関わりである。

（3）ジェネラリスト・ソーシャルワークのプロセスと今後の課題

　ジェネラリスト・ソーシャルワークの援助過程は，本質的な特徴は共通しているが，さまざまな考え方があり，研究者ごとに相違点がある。ジェネラリスト・ソーシャルワークは現代のソーシャルワークとして捉えられるようになっており，そのプロセスは『ソーシャルワーク基本用語辞典』によると「ソーシャルワーク統合化以降，ソーシャルワーク・プロセスは一般的に8つの局面から成る」と説明されている。その8つとは①インテーク（受理面接）→②アセスメント（事前評価）→③プランニング（支援計画作成）→④インターベンション（介入：援助計画に基づき介入）→⑤モニタリング（支援の効果測定）→⑥エバリュエーション（事後評価）→⑦終結→⑧フォローアップ（追跡調査）であ

る。これら一連の流れは，しばしばソーシャルワーク教育において教示されている内容であり，現代のソーシャルワーク養成教育においてジェネラリストの視点が基盤に置かれていることがわかる。

　このプロセスで留意すべきこととしては，各段階は一方向としての経過ではなく，絶えず相互の段階を行き来する循環過程であるということである。ジェネラリスト・ソーシャルワークにおいては，支援が必要な状況を「ニーズのある状況」として捉え，ソーシャルワークの支援によってニーズを満たすとともに，ポジティブな変化をもたらすものである。

　現代社会にみられる複雑化，多様化している福祉課題においては，これまで述べてきたジェネラリスト・ソーシャルワークの実践が求められており，支援の対象者に関わる中で，その家庭や地域の福祉ニーズに気づくことがある。このような状況下においては，対象となる者への単独の支援に取り組んだとしても，家族関係，社会関係への支援において十分な効果が得られにくいこともある。支援の対象者を含め，家族や集団，地域の福祉ニーズに基づいた支援が展開されるためには，特定の分野のみによる相談支援ではなく，ソーシャルワーカーがジェネラリストの視点を持って相談支援体制を構築し，そこから個人や家族，集団，地域に対する支援を展開していくことが望まれる。そして，地域での総合的で包括的な相談支援の体制を構築していくためには，地域の中でジェネラリストの視点を持った相談支援体制が重層的に組み合わさることが重要であり，その体制づくりの推進が今後の課題である。

注
(1)　厚生労働省「地域共生社会の実現のための社会福祉法等の一部を改正する法律（令和2年法律第52号）の概要」(https://www.mhlw.go.jp/kyouseisyakaiportal/kitei/pdf/jimuren0329-7.pdf　2023年3月30日閲覧)。
(2)　岩間伸之（2011）「地域を基盤としたソーシャルワークの特質と機能――個と地域の一体的支援の展開に向けて」『ソーシャルワーク研究』37(1)，4～19頁。
(3)　岩間伸之（2005）「講座　ジェネラリスト・ソーシャルワーク　No.1」『ソーシャルワーク研究』31(1)，53～58頁。

⑷　得津愼子（2017）『ソーシャルワーク──ジェネラリストソーシャルワークの相談援助』ふくろう出版，74〜75頁。

⑸　日本生態学会「生態学とは何か」（http://www.esj.ne.jp/esj/what_ecol/index.html　2023年3月30日閲覧）。

⑹　日本ソーシャルワーク学会編（2013）『ソーシャルワーク基本用語辞典』川島書店。

参考文献

Germain, C.B. & Gitterman, A. (1980) *The Life Model of Social Work Practice*, Columbia University Press.

学習課題

①　ジェネラリスト・ソーシャルワークの発展的な過程を整理してみよう。

②　ソーシャルワーカーとしてジェネラリスト・ソーシャルワークの視点を意識して実践するためにはどのような学びが必要か考えてみよう。

キーワード一覧表

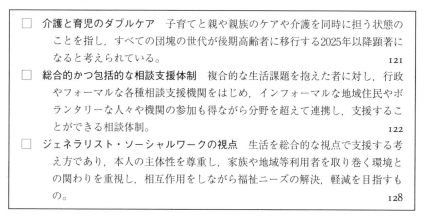

□　**介護と育児のダブルケア**　子育てと親や親族のケアや介護を同時に担う状態のことを指し，すべての団塊の世代が後期高齢者に移行する2025年以降顕著になると考えられている。　　　　　　　　　　　　　　　　　　　　　121

□　**総合的かつ包括的な相談支援体制**　複合的な生活課題を抱えた者に対し，行政やフォーマルな各種相談支援機関をはじめ，インフォーマルな地域住民やボランタリーな人々や機関の参加も得ながら分野を超えて連携し，支援することができる相談体制。　　　　　　　　　　　　　　　　　　　　　122

□　**ジェネラリスト・ソーシャルワークの視点**　生活を総合的な視点で支援する考え方であり，本人の主体性を尊重し，家族や地域等利用者を取り巻く環境との関わりを重視し，相互作用をしながら福祉ニーズの解決，軽減を目指すもの。　　　　　　　　　　　　　　　　　　　　　128

第12章

ソーシャルワークにおけるチームアプローチ

　本章では，チームによる支援に関する時代的な背景から，チームとは何か，またチームにはどのような構造があるのかを理解しよう。さらに，チームを機能させて，円滑な支援を展開していくために求められるコミュニケーション技術について，ソーシャルワーカーとして留意したい項目に沿って理解を深める。そして，チームアプローチによる支援がクライエントや家族にどのような影響を与えることになるか，専門職や地域活動者は，チームに加わって支援した経験が，その後の実践にどのような影響を与えるのかについても理解しよう。

ミニワーク

　あなたが，日ごろどのようなチームに所属しているか，また所属しているチームでは，どのような役割を担っているか書き出してみよう。

あなたが所属しているチーム	チームの中で担っている役割

　あなたがチームで担っている役割には共通点があっただろうか。また共通点がないようなら，あなたはいくつもの役割を担っているということになる。チームに所属している場合，役割を担うことでチームに貢献しているという実感が湧き，チームワークの意識が高まっていくことにつながる。ソーシャルワーカーもチームに参画する場合，どのような役割が期待されて，担う必要があるのかということを通して，チーム内でのポジションを意識して，業務にあたることが多い。

1　チームアプローチが求められる社会的背景

（1）福祉ニーズの複合化と多様化

　チームを組んで，クライエント本人や家族へ関わりを持って支援することは，以前から行われてきた。たとえば，医療現場においては，医師を中心に患者への治療が達成されるよう，医療スタッフがチームとなって取り組む様子は想像しやすいのではないだろうか。医療系ドラマなどでも描かれていることも多いだろう。その際に，専門職それぞれが各自の専門性を発揮しながら，関わっていく。医師であれば，診察，治療や手術などの医学的な関わりであり，看護師も医師とともに，患者の病状への看護を行うものである。さらに，理学療法士や作業療法士などのリハビリテーションを担当する職種においても，担当医師からの指示に応じたリハビリテーションを行っていく。その他にも，医療ソーシャルワーカーが配置されている病院においては，入院前後の関わりを担当することになり，治療が円滑に進んでいくような環境を整えていく役目を担っている。また退院後に患者が生活できるように支援を図っていく。このようなチームによる支援は，治療を主眼に置いたチーム編成であることがわかる。そのため，医師がその中心的な指示を行う役目を担っていた。また治療をその目的の主眼に置きにくい，死が間近に迫った患者に関わる緩和ケアの現場においても，1970年代頃からわが国においてもチームによる患者へのケアが行われている。[1]

　一方で，社会福祉の現場に目を向けると，戦後20年ほどで築き上げられた福祉六法（生活保護法，児童福祉法，身体障害者福祉法，老人福祉法，知的障害者福祉法，母子及び父子並びに寡婦福祉法）を中心とした実施体制が長らく続いてきた。それは，行政機関が決定した措置によって，対象者が福祉サービスを利用する仕組みであった。そして，各法律では，制度を運用する窓口が行政機関に設けられ，児童，障害者，高齢者，経済的な困窮者などの法律で定められた対象者ごとに窓口が分けられていた。さらに，窓口で対応できることも限られていたため，担当する制度以外へのニーズに対しては担当者も権限がなく，アプローチ

が消極的となっていた。このことが，相談者をたらい回しにするという問題として指摘されていた。ただ，このような時期においても，法律によって定められた制度の運用範囲の中で機関や施設が連携しながら支援していたことも事実である。たとえば，親と一緒に暮らすことができない児童が発見された場合，児童相談所が一時的に保護し，その後，児童養護施設や里親家庭などに生活の場を移していく。その際，児童に関する情報を共有するために関係機関や施設ではやりとりが行われている。

　ここまでを振り返ると，チームを組んだ支援は現状行われているもので十分ではないかと思われるかもしれない。我々が暮らしている21世紀の現代において，何が求められているのだろうか。

　まず，20世紀までの長年の取り組みにおける特徴は，患者・当事者を単一の制度の対象者として設定していることである。そのため家族に，高齢者，障害者がいたとしても，別々の支援として捉えられてきた。しかし，現代の社会問題をみると，たとえば，子育て中の親が，自身の親にも介護が必要となり，子育てと介護の両方に対応しなければならないようなダブルケアという問題がある。その際，子育てと介護に関わる機関や専門職はそれぞれであるため，ダブルケアに苦しんでいる当事者の問題をひとくくりに捉えて対応する機関は見当たらない。さらに，家族へのケアや本来大人の役目であるものを代わりに担わされてしまい，自身の学業との両立ができなくなってしまうヤングケアラーの問題も，学校と福祉機関の両方から対応しなければ，問題の全体を捉えることはできない。

　もう一つの特徴は，施設ケアを支援の場として中心に据えてきた時期が長いため，施設内でのチームや医療現場においても院内連携という形で展開されてきたことも特徴である。そのため，チームを構成するメンバーも同じ職場のスタッフで構成されていることも多かった。ただし，1990年代から本格的に進められた施設ケアから在宅ケアへの転換の流れで，チームを組んで支援する際に，他の機関や事業所に属している職員もチームに加わることも多くなっていった。そのため，これまでは意識されてこなかった，所属組織を越えたチーム支援を展開していく必要が出てきた。

　このように現代の社会問題は，支援を求める本人や家族が，複数の制度にまたがるような生活問題を抱えていることが多くあり，単一の制度だけでは支援を十分に整えることができない。そのため，複数の相談機関などがチームを組むことで，それぞれの専門性によって支援の受け皿を拡大しながら支援することが求められている。さらに，在宅ケアが支援の場として中心となっている現在，ソーシャルワーカーが所属している組織を越えて，チームを構成して，支援にあたることが日常的となってきているため，チームを編成する力量が以前よりも増して求められている。

（2）福祉ニーズへの分野を超えた対応

　現代の社会問題に対応するためには，社会福祉が対象としている範囲だけでは十分に捉えきれない。古川が提起している「社会福祉のＬ字型構造」(2)（図12-1）を例に挙げて，考えてみる。この図では，我々の生活を支える施策群において，社会福祉が独自に範囲としている社会福祉施策をはじめとした，施策が記されている。そして，社会福祉に関連する施策は，社会福祉以外の施策にも存在することを示している。それが，①〜⑬の箇所にあたる。たとえば，児童虐待などの虐待問題は，社会的に注目されており，児童相談所をはじめとしたソーシャルワーカーも関わっている。また，そのような虐待問題は，権利擁護と呼ばれる施策であったり，司法福祉との関連もあるため，人権施策や司法施策と重なっていることがわかるだろう。その他にも例示されているようなテーマが社会福祉施策と重なっていることから，ソーシャルワーカーも社会福祉の領域だけでなく，関連施策との重なりを把握しながら，社会問題を捉えていく必要がある。

　このような社会福祉の分野を超えた対応の必要性については，国も認識している。たとえば，『令和5年版厚生労働白書』においては，ひきこもりや若者支援の取り組みの一つとして，農業者と福祉関係機関の連携である農福連携によって，若者の社会への参画を進める取り組みにも触れている。(3)

　また，社会福祉分野の近年の動向をみると，チームを組んで，支援にあたることがもはや当たり前の状況でもある。たとえば，2000（平成12）年から施行

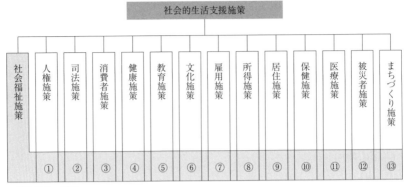

※横棒部分の例示
①人権生活支援＝被差別支援／虐待支援／権利擁護／法律扶助
②司法生活支援＝司法福祉／更生保護／家事調停
③消費者生活支援＝高齢者・未成年消費者支援
④健康生活支援＝健康相談／高齢者スポーツ／障害者スポーツ
⑤教育生活支援＝障害児支援／病児支援／学習支援／スクールソーシャルワーク／教育扶助
⑥文化生活支援＝児童文化支援／障害者文化支援／福祉文化支援／レクリエーションワーク
⑦雇用生活支援＝高齢者・障害者・母子・若年者・ホームレス就労支援
⑧所得生活支援＝生活保護／児童手当／児童扶養手当／特別児童扶養手当
⑨居住生活支援＝低所得者住宅／高齢者・障害者・母子住宅／ケア付き住宅／住宅改良
⑩保護生活支援＝育児相談／妊産婦相談／精神保健福祉相談／難病相談
⑪医療生活支援＝低所得者医療／医療扶助／医療ソーシャルワーク／精神保健福祉
⑫被災者生活支援＝災害時要援護者支援／生活再建／生活相談／災害ボランティア活動／コミュニティ再生
⑬まちづくり生活支援＝福祉のまちづくり／つながり支援／社会参加支援／ユニバーサルデザイン

図 12-1　社会福祉のL字型構造

出所：古川孝順（2021）『社会福祉学の原理と政策――自律生活と生活協同体の自己実現』有斐閣，249頁。

されている介護保険法において，2005（平成17）年改正から本格的に導入され
ている地域包括ケアシステムがある。これは，図12-2のように，医療・介
護・住まい・生活支援・介護予防の5つを高齢者が住み慣れた地域で一体的に
提供する仕組みである。提示されている5つのメニューの充実を図ろうとする
と，すべてのことにソーシャルワーカーだけで対応できないため，おのずと他
の専門職や他業種とチームを組んで協力して事を進めることになる。

地域包括ケアシステム

○　団塊の世代が75歳以上となる2025年を目途に，重度な要介護状態となっても住み慣れた地域で自分らしい暮らしを人生の最後まで続けることができるよう，住まい・医療・介護・予防・生活支援が一体的に提供される地域包括ケアシステムの構築を実現していきます。

○　今後，認知症高齢者の増加が見込まれることから，認知症高齢者の地域での生活を支えるためにも，地域包括ケアシステムの構築が重要です。

○　人口が横ばいで75歳以上人口が急増する大都市部，75歳以上人口の増加は緩やかだが人口は減少する町村部等，高齢化の進展状況には大きな地域差が生じています。

　地域包括ケアシステムは，保険者である市町村や都道府県が，地域の自主性や主体性に基づき，地域の特性に応じて作り上げていくことが必要です。

地域包括ケアシステムの姿

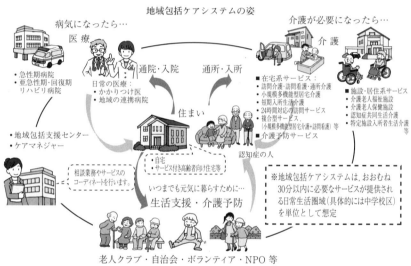

図12-2　地域包括ケアシステム

出所：厚生労働省「地域包括ケアシステム」(https://www.mhlw.go.jp/stf/seisakunitsuite/bunya/huku shi_kaigo/kaigo_koureisha/chiiki-houkatsu/dl/link1-4.pdf　2023年8月24日閲覧）より。

2　チームアプローチとは何か

（1）チームとは

　チームという言葉から思い起こすものとして，サッカーなどのチームスポーツを思い浮かべる人も多いだろう。私たちが認識しているチームのイメージに近い，集団の定義を示したものを紹介しておく。集団とは，「2人またはそれ以上の人々から構成され，それらの人々の間に相互作用やコミュニケーション

がみられ，なんらかの規範が共有され，地位や役割の関係が成立し，外部との境界を設定して一体性を維持している人々から成立する社会的なシステム[4]」である。この定義をみると，単なる人の集まりである集合と集団は異なり，チームメンバー相互にコミュニケーションが生まれ，チーム内の規範が共有されている点が特徴でもある。つまり，チームメンバーには，それぞれの個人の役割だけでなく，共通の目的や価値観が共有されているということでもある。これは，医療・保健・福祉分野でのチームアプローチとも共通しており，専門職などが集まってチームを形成するうえで，専門職個々の目的だけでなく，チーム全体としての目的達成も重要視されている。**チームアプローチ**とは，「医療・保健・介護・福祉などの様々な分野の関係者が，１つのチームとしてクライエントあるいは地域の課題（問題）解決に向けて，連携をしながら協働する仕組み[5]」というように捉えることができる。では，チームを形成するうえでコミュニケーションが必要となるが，チーム内ではどのようなコミュニケーションの道筋があるのであろうか。表12-1では，チーム内のネットワークの違いが示されている。

　これらから，集団の形はメンバーの目的によって選択される。またその形は，固定ではなく，状況に応じて変化するものでもある。ソーシャルワーカーが加わるチームによる支援を考えた場合，最終的には，全チャネル型の形になるように展開されていくことになる。なぜなら，それぞれの専門職は専門性を有しており，直面している課題に対して，それに対応できる専門職がリーダーを担うことになるからだ。それによって，チームを構成している各メンバーの主体的な参画が見込まれ，機能的なグループへと発展していく。また専門職だけでなく，地域活動を担う地域住民がチームに参画した場合においても，地域住民がリーダーを担うことが妥当と思われることについては，地域住民がリーダーシップを発揮することもある。

　ただし，命の危機が危ぶまれるような事態の場合は，車輪型などの他のチームの形を選ぶことによって，課題達成を早く遂行できるようにする。したがってソーシャルワーカーをはじめ，医療・保健・福祉分野に携わる専門職には，その時々によって，どのようなチーム内のコミュニケーションの図り方が最も

表12-1　集団ネットワークのタイプ

タイプ	図 形	特 徴
車輪型	A・B・C・D・E	中心に位置するCがリーダーでメンバー全員と情報交換する。すべての情報がCから全員に伝わるので，課題達成の速度が速く，正確で，安定している。 ただし，C以外のメンバーはそれぞれのかかわりがないため，グループ活動への満足度は低くなる。また，メンバーからの多様な意見を持っていたとしても，Cとのコミュニケーションだけでは活かされない。
Y字型	A・B・C・D・E	Cがおおむねリーダー的な役割を担う。車輪型ほどではないが，課題達成の速度は速く，正確である。ただし，C以外のグループ活動へのメンバーの満足度は低く，特にEはCと直接のかかわりがないため，低くなる。
鎖型	C・B・D・A・E	Cがリーダーとなり，BとDが下部に位置する。グループ活動への満足度は，C→B・D→A・Eの順で低くなる。
円型	C・B・D・A・E	メンバーは平等で，はっきりとしたリーダーは現れず，組織化されにくい不安定なグループでもある。そのため，課題を達成する速度は遅く，正確ではない。グループへの満足度も中程度となる。
全チャネル型	A・B・E・C・D	メンバー全員が互いに自由に接触できる。全員が全員にかかわるため，リーダーの出現は難しいが，グループ活動へのメンバーの満足度は高く，互いに影響しあって，新しい最善のものを作り出すという点で優れている。 ただし，全員が話し合いをするため，課題達成に時間がかかる。

出所：浅井亜紀子（2016）『集団コミュニケーション――自分を活かす15のレッスン』実教出版，96～97頁をもとに筆者作成。

望ましいのかを判断できる力量が問われるのだ。

（2）ソーシャルワーカーが協働する専門職・地域活動者

　ソーシャルワーカーが協働する頻度が高いと思われる専門職について，表12-2に整理した。医療職，福祉・心理職，その他の専門職，地域活動者で分けた。このような専門職がチームを構成して，支援にあたることを**多職種連携**と

表12-2　ソーシャルワーカーが協働する頻度が高いと思われる専門職・地域活動者

医療職	医師，看護師，薬剤師，理学療法士，作業療法士，言語聴覚士，臨床検査技師
福祉・心理職	社会福祉士，精神保健福祉士，介護福祉士，医療ソーシャルワーカー，介護支援専門員（ケアマネジャー），臨床心理士・公認心理師，保育士，その他各種別の施設・事業所職員，福祉事務所のケースワーカー，行政機関の担当部署職員，社会福祉協議会職員
その他の専門職	弁護士，司法書士，社会復帰調整官，その他司法関係機関の職員，スピリチュアルケアワーカー・臨床宗教師，警察官，消防・救急隊員，小学校・中学校教諭，幼稚園教諭
地域活動者	民生委員・児童委員，主任児童委員，保護司，地域見守り推進員などの見守り活動者，自治会・町内会役職員

注：この表は，テキスト読者が理解しやすいように提示したものであり，実際には，この表に掲載していない専門職や地域活動者も数多く存在する。各地域において協働すると思われる専門職や地域活動者はさまざまであることを付記しておく。
出所：筆者作成。

いう。また機関同士が支援を行ううえで，協力することを多機関連携という。いずれにしても，専門職やその専門職が所属している機関や施設においても協力関係を築きながら，共通の目的を達成するためにチームを形成することが支援の展開方法として主流となっている。

続いて，ソーシャルワーカーが協働する頻度が高いと思われる地域活動者として想定できるものに，民生委員・児童委員が挙げられる。民生委員は民生委員法によって定められた地域活動者であり，厚生労働大臣の委嘱を受けて活動している。また地域の子育て支援に携わる児童委員は，民生委員が兼務している。なお，地域ごとの児童委員のリーダー的な立場を担う者として，主任児童委員が別で任命されている。その他にも市町村や市町村社会福祉協議会で組織化されている地域活動者も多く，近年特に地域の見守り活動を担う地域活動者が各地で活躍している。

3　チームアプローチを推進するためのコミュニケーション技術

チームによる支援がその専門性を十分に発揮するために，チームメンバー間でのコミュニケーションは欠かせない。チームとして支援が円滑に進むために

は，次のようなことに留意しておく必要がある。

（1）ソーシャルワーカーについて周りへの説明

　チームによる支援を開始する際には，チームメンバーを募ることから始める。その際に，チームメンバーによっては，ソーシャルワーカーについて十分理解されていないことも多く，ソーシャルワーカーから周りのメンバーに自身の専門性や担える役割について説明することもある。そのため，ソーシャルワーカーについて周りに説明できないようであれば，周りのメンバーから信認されにくくなり，チーム内での立場も弱くなってしまう。また説明する際には，専門用語を多用せず，相手に理解できる言葉で説明することも大事である。

（2）他の専門職や活動者が行っていることについて理解を深める

　一方で，ソーシャルワーカーが接する他の専門職の専門性や担える役割についても理解しておくことが重要である。そうでなければ，相手から発言される言葉を理解できず，お互いにコミュニケーションが図られにくくなるからだ。さらに，専門職はそれぞれで専門的な価値観を有しており，お互いが大事にしている価値観を理解できずにいると，互いに主張するだけとなり，関係性が築きにくくなってしまう。

　また，他の専門職について理解を深めることは，チームによる支援を展開する際に担ってもらいたい役割を周りの専門職に的確に依頼できることにもつながる。そのことにより，メンバーのチームによる支援への意欲も高まり，チームがより一層機能的なものへと進展する。これは，地域活動者においても同様に重要なことであり，彼らが携わっている活動について，事前に調べたり，わからなければ，活動者に直接話を聞いて，予備知識を増やしておくことが必要となる。そのような関わりが，互いの理解を深め，関係性が築かれていく道筋となるのだ。

（3）チーム形成への働きかけ

　チームを形成する際には，先のように周りの専門職などがどのような活動に

携わっているかを十分理解しておくことが重要だ。それによって，チームによる支援を開始する際に，どの専門職にチームに加わってもらいたいのかを伝えることができるようになる。さらに，ソーシャルワーカーがチームを組織する際には，ただ単に専門職を集めるのではなく，チームによる支援で行う目的に合った専門職を選んで，チームに加わるように依頼しなければならない。つまり，チームで役割を担うことができない専門職は，選んではいけないということだ。これは，地域活動者においても同様であり，役割を担ってもらいたい地域活動者にその必要性を説明して，納得してチームに加わってもらうように働きかけなければならない。

　チームに加わってもらいたいメンバーを募り終えると，続いて，メンバーを集めた会議を行うことになる。このような会議はケースカンファレンスと呼ばれることが多い。また現在，社会福祉分野においてはさまざまな会議体が設けられており，それぞれ独自の名称を付けて運営されている。会議は，まずメンバーそれぞれの紹介から始まり，どのようなことを日頃担っているのかを紹介する場面でもある。その後，チームによる支援が必要となったケースについての情報が共有され，その中で明らかとなった課題について議論していく。その際には，各専門職が認識しているアセスメントについてもお互い伝え合い，多面的なアセスメントになるようにケースの理解を深めていく。そして，共有された課題に対して，メンバーそれぞれの役割分担を確認し，行動に移すための計画を立案していく。最後にその内容についてメンバーで合意を諮り，実際に支援にあたっていく。

　このようにチームを形成する際には，会議を用いた働きかけも多く行われるため，ソーシャルワーカーは，会議を円滑に進めるための力量を備えておく必要がある。その際には，ソーシャルワークの技法であるグループワークを用いて進めることをお勧めしたい。また，会議を始める前の資料準備やメンバーへの会議の日時や場所についての連絡など事前準備も重要な活動となるので，十分留意してもらいたい。

　さらに会議終了時には，次回の会議のタイミングなども相談しておき，チームによる支援の経過がメンバー全員で共有できるように定期的に会議が開催で

きるよう働きかけておくことも重要である。これは，ソーシャルワークの展開
過程においてモニタリングや評価の段階に相当する活動でもある。

（4）チームメンバー間での情報共有

　チームメンバーが構成できた後，実際の活動に移るが，そのときに悩ましい
問題として挙げられることに情報共有の場面がある。専門職間のやりとりでは，
お互いに守秘義務を課されているため，クライエントの個人情報なども共有し
やすい。また，他の専門職からは専門的な情報を提供してもらいたいという依
頼を受けることも多い。そのため，情報提供を依頼してきた専門職がどのよう
な情報を求めているのかを事前に把握し，必要な情報を提供することが重要と
なる。単にこちらが持っている情報を提供するだけでは，相手は情報過多とな
り，情報整理に時間をとってしまって支援にうまく活かせないこともある。情
報提供する際には，この点に十分留意してほしい。

　続いて，地域活動者との情報共有についてである。地域活動者のうち，民生
委員・児童委員，保護司，里親など法的な根拠に基づいて活動を担っている活
動者の場合は，守秘義務が課されているため，必要な情報を提供しやすい面も
ある。ただ，そのような地域活動者においても，専門職とは異なり，専門的な
教育を受けて活動に従事しているわけではないため，必要以上に情報を提供し
てしまうと，相手は情報過多となり，混乱してしまうことも見受けられる。そ
れを防ぐためには，先の専門職と同様に相手が求めている情報を選択して，伝
えることが重要である。さらに補足として，地域活動者の場合，地域の見守り
活動などに携わっている活動者も多く，そのような活動者がチームに加わる際
には，個人情報に抵触しない範囲で，チーム内で共有が必要と判断される情報
を共有しておくことが重要となる。それは，地域活動者の心理的な負担軽減に
もつながり，活動が続けられるようにする働きかけでもあるということも十分
認識しておいてもらいたい。

（5）必要に応じたチーム編成の変更

　チームによる支援を展開していく中で，当初の目的が達成された場合は，そ

のチームは解散となる。ソーシャルワークの展開過程においては，終結の場面で行われることになる。ただし，目的達成までには至らず，一部の課題が残されたまま，支援を続けることも多くある。そのような場合は，チームによる支援は続けられるが，役割を全うした専門職や地域活動者はチームから外れてもらい，残ったメンバーで支援を続けることになる。その際には，残ったメンバーで改めて課題に対して，担う役割分担を確認し，行動に移すための計画を作り直していく。また，支援を展開していく中で，当初明らかになっていなかった課題やニーズが現れた際にも，チームメンバーでその対応について協議し，役割分担を確認していく。さらに，そのような新たな課題やニーズに対して，既存のチームメンバーだけで担いきれない場合は，それに対応できる専門職や地域活動者を新たに探して，チームに加わってもらえるように働きかけていくことも重要な関わりである。なお，チームに新たに加わる際も，会議にてその役割についてチームメンバーで確認し，合意しておくことが肝要である。

4　チームアプローチの先にあるもの

（1）当事者・家族の参画を促す方法としてのチームアプローチ

　チームによる支援を展開するために必要なことについて，ここまで述べてきたが，チームアプローチの最も重要なことは，クライエント本人や家族をチームの中心に据えて展開していくことである。これまでの長年にわたって展開されてきたチームアプローチは，支援者中心で構成されたチームによる支援であった。そのため，支援を求めているクライエントも参画できるチームアプローチを目指していきたいところである。なぜなら，直面している問題を乗り越えて，解決していくのは，クライエント本人だからである。また状況によっては，家族全体で問題を乗り越えていくこともある。そのためには，クライエントが問題に立ち向かえるように意欲を高めたり，対処方法を身につけられるように支援したりすることがチームによる支援の最も重要な目的である。チームによる支援は，専門職や地域活動者だけが問題解決の主体ではなく，クライエントを中心において，ともに協力して取り組む姿を目指していくことが肝要

である。そのことによって，クライエントを支える**ソーシャルサポートネット**
ワークが築かれていき，クライエントの生活を支える受け皿が強化されていく
ことになるからだ。

（2）協働した実践の経験値の共有

　チームによる支援は，クライエントを中心としたものを目指すが，その経験
は，クライエントだけでなく，チームに加わった専門職や地域活動者にも大事
なものである。なぜなら，専門職や地域活動者は，さまざまな支援を求めるク
ライエントや地域住民に関わっており，同じような問題やニーズを抱えた人々
にも出会う。そのときに，チームによる支援で経験したことを，別のクライエ
ントの支援に活かすことにもなるからだ。また，新たなチームを組んで支援に
あたる際も，以前に協力を求めた専門職や地域活動者に再度協力を依頼するこ
ともあり，チームによる支援を通じて，関係者間の関係性は強くなり，日頃か
ら支援が展開しやすい環境を作っていくことにもつながる。またソーシャル
ワーカーにとって，日常からそのような関係が築けている専門職や地域活動者
が多く地域に存在することは，支援を必要とするクライエントへ早期に関われ
る可能性を高め，支援が展開しやすい環境となっていく。このような経験値の
共有，蓄積を通して，社会の中でのつながりを強めていき，その結果，共通の
価値観を共有できる関係性が築かれていく。社会福祉分野の場合には，地域で
の支え合いの活動を通して，人を支える経験を共有しながら，地域で支援する
力が高められるよう働きかけ，人を支えられる地域社会づくりを目指している。

（3）チームによる支援から仕組みづくりの基盤を作る

　たとえば，図12-3のように高齢者分野で展開されている地域ケア会議の過
程は，チームによる支援を用いながら展開しているものである。個別的な支援
においては，クライエント個人を支えるチームが編成されていく。さらに，そ
の経験を通じて，地域の課題を洗い出していき，その課題を解決していくため
に，地域活動者なども交えながら，地域での取り組みを構想していく。さらに，
地域での取り組みを進めていく中で，行政への施策提言につなげていくことも

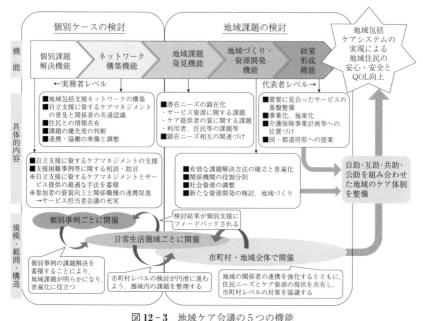

図12-3　地域ケア会議の5つの機能

注：地域ケア会議の参加者や規模は，検討内容によって異なる。

出所：厚生労働省「地域ケア会議」（https://www.mhlw.go.jp/seisakunitsuite/bunya/hukushi_kaigo/
　　　kaigo_koureisha/chiiki-houkatsu/dl/link3-1.pdf　2023年8月24日閲覧）。

期待され，官民協働のチームによる支援を地域の中で築いていくことを目指している。そして，この経験から，地域でクライエントや家族などの当事者を支える仕組みづくりの基盤を作ることに，チームによる支援が寄与していくことになる。さらに現在，国は**地域共生社会**と呼ばれる社会像を築くことを進めている。それを実現させるために，高齢者分野で培ってきたチームによる支援を他の分野も築いていき，包括的支援体制というクライエントを一体的に支えられるような仕組みを築こうとしている。

　このように医療・保健・福祉分野では，従来から展開してきたチームによる支援が現在までの時代の流れの中で，その目的や役割も厚みを増しており，今後のクライエントを支える社会像が実現できるように，専門職，地域住民・地域活動者が協力したチームによって活動が展開されていくことが望まれている。

その中において，ソーシャルワーカーにどのような役割が求められているのか，専門性を発揮しながら，地域で実践できることとは何かを模索していってもらいたい。

注

(1)　恒藤暁・田村恵子編（2020）『緩和ケア（第3版）』医学書院，6頁。
(2)　古川孝順（2021）『社会福祉学の原理と政策——自律生活と生活協同体の自己実現』有斐閣，249頁。
(3)　厚生労働省（2023）『令和5年版厚生労働白書』64頁。
(4)　広田君美（1981）「集団」藤永保編『心理学事典（新版）』平凡社，361～362頁。
(5)　東京社会福祉士会監修（2019）『ソーシャルワークの理論と実践の基盤』へるす出版，130頁。

学習課題

① チームによる支援を行っていく際に，ソーシャルワーカーはどのような専門職や地域活動者と協力するだろうか。今，あなたが，思い浮かべたものを書き出してみよう。
② ソーシャルワーカーがチームを編成して，支援にあたる際，どのようなことに留意しながら，周りの専門職や地域活動者に関わっていくことが必要だろうか。本章の内容から要点を抜き出してみよう。

キーワード一覧表

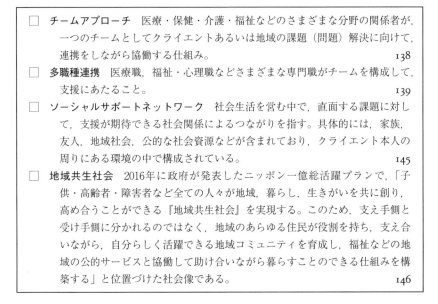

☐ **チームアプローチ**　医療・保健・介護・福祉などのさまざまな分野の関係者が，一つのチームとしてクライエントあるいは地域の課題（問題）解決に向けて，連携をしながら協働する仕組み。　　　138

☐ **多職種連携**　医療職，福祉・心理職などさまざまな専門職がチームを構成して，支援にあたること。　　　139

☐ **ソーシャルサポートネットワーク**　社会生活を営む中で，直面する課題に対して，支援が期待できる社会関係によるつながりを指す。具体的には，家族，友人，地域社会，公的な社会資源などが含まれており，クライエント本人の周りにある環境の中で構成されている。　　　145

☐ **地域共生社会**　2016年に政府が発表したニッポン一億総活躍プランで，「子供・高齢者・障害者など全ての人々が地域，暮らし，生きがいを共に創り，高め合うことができる『地域共生社会』を実現する。このため，支え手側と受け手側に分かれるのではなく，地域のあらゆる住民が役割を持ち，支え合いながら，自分らしく活躍できる地域コミュニティを育成し，福祉などの地域の公的サービスと協働して助け合いながら暮らすことのできる仕組みを構築する」と位置づけた社会像である。　　　146

第13章

総合的かつ包括的な支援における
ネットワーク

　支援対象者が抱えている複合的な福祉課題や制度の狭間にあるような生活問題を解決へと結びつけていくには，総合的かつ包括的な支援体制が重要となる。そして総合的かつ包括的な支援体制を整備するうえで，地域を基盤としたネットワークの構築は欠かせない。

　本章では，総合的かつ包括的な支援体制におけるネットワーク構築の必要性について述べる。またネットワークの中でも特にソーシャルサポートネットワークを取り上げながら，その内容やそれが効果的に機能していくためのソーシャルワーカーが有する技術について論じていく。

ミニワーク
　本文（153頁）のショート事例をふまえ，事例における家族が抱えている福祉課題の解決を図るためにどのような地域の関係者や関係機関で構成されるネットワークが必要となるのか，考えてみよう。
　また地域の関係者や関係機関から構成されるネットワーク構築を進めていくにあたって，ソーシャルワーカーに求められる役割について検討してみよう。

1　ネットワークとは何か

（1）地域におけるネットワーク構築の必要性

　地域社会の変容にともなって新たな福祉課題が浮上している。たとえば「8050問題」や「ダブルケア」がそれであり，こうした問題は以前，あまり耳にすることがなかった言葉である。「8050問題」とは80代の高齢となった親がひきこもりとなっている50代の子どもの生活を支える状態のことを指している。若者のひきこもりという形で捉えられていた問題が，長期化することによって，親と子の双方が年齢を重ねていき「8050問題」となっていま現れたものである。また「ダブルケア」という問題をとってみても，かつては子育てが一段落して，しばらく経過した後に親の介護を担うといったように子育てと親の介護にはある程度の時間差が生まれていた。ところが近年，晩婚化や晩産化によって子育てと親の介護を同時進行で担っている家庭が多く存在している。こうした子育てと介護を同時に担うことによって生じる問題とは，当事者の心身面の負担をはじめ，ダブルケアを理由とした経済的不安や社会的孤立等である。「8050問題」や「ダブルケア」に共通する特徴とは，一つの世帯に複数の分野にわたる課題が混在している点である。

　さらにこうした課題とは別に，最近では公的支援制度の受給資格要件を満たさないいわゆる「制度の狭間」にある問題も注目されており，こうした問題は従来のような縦割りによる公的支援体制では解決が難しいものである。

　ここまで述べてきたような地域で生活する人々が抱える複合的な福祉課題や制度の狭間にある問題を解決へと結びつけていくためには，総合的かつ包括的な支援が重要となり，なおかつこうした支援の提供を可能にしていくためには地域におけるネットワークの構築が必要となる。ここからはソーシャルサポートネットワークを中心にネットワークの概念やその実際について述べていく。

（2）ネットワークとソーシャルサポートネットワーク

　ネットワークという言葉は「多くの人や組織の幅広いつながり[1]」という意味

を持っている。この「ネットワーク」という概念は実質ソーシャル・ネットワーク，ヒューマン・ネットワーク，サービス・ネットワーク，サポート・ネットワークなどさまざまな意味を内に含みながら用いられている[2]。

　ここではヒューマンネットワークとして位置づけられているソーシャルサポートネットワークを取り上げる。菱沼によると，ソーシャルサポートネットワークとは「日常生活上のニーズに対して支援を提供する人々のネットワークであり，その構成員には，家族，親族，友人，隣人，職場の同僚，ボランティアなどインフォーマルなサポートの提供者とフォーマルなサポートを提供する公的機関や民間組織の専門職が含まれる[3]」とされる。そして，渡辺は「個人をとりまく家族，友人，近隣，ボランティアなどによる援助（インフォーマルサポート）と，公的機関やさまざまな専門職による援助（フォーマルサポート）に基づく援助関係の総体[4]」と説明している。

　一連の考え方をふまえてソーシャルサポートネットワークを端的に説明しようとするならば，それは「地域生活を営むうえで生じるさまざまな問題に対し，本人にとって有益となるフォーマルサポートやインフォーマルサポートをつむぎ合わせながらその解決が前進していく状態をつくりだす支援網」といえよう。

（3）ソーシャルサポートとソーシャルネットワーク

　ソーシャルサポートネットワークという言葉をもう少し詳しくみていくと，この言葉にはソーシャルサポートとソーシャルネットワークという異なる二つの概念が含まれている[5]ということがわかる。

　このソーシャルサポートやソーシャルネットワークとはどのような意味を持っているのだろうか。

　まずソーシャルサポートという言葉であるが，それは社会の中で繰り広げられる人々の支え合いと説明できる。また，このソーシャルサポートはいくつかの種類に大別して説明されることがあり，その代表的なものを紹介しておくと，ハウス（J.S. House）や大橋による分類がある。ハウスは情緒的サポート（emotional support），評価的サポート（appraisal support），情報的サポート（informational support），道具的サポート（instrumental support）の4つに分類し

ている。これら4つのソーシャルサポートについて説明しておくと,「情報的サポート」とは文字通り,他者からの情報提供のサポートのことを指している。情報過多となっている現代において,本人が何らかの生活困難や問題に直面していた場合にその解決に向かって有効な情報を他者が取捨選択し,提供してくれるようなサポートを意味する。また「評価的サポート」とは自分がとった行動に対し,他者が適切に評価をしてくれるようなサポートを指す。他者から「あなたの行動はとても役に立った」「あなたの仕事が大きな成果をもたらしてくれた」といった本人の行動に対する結果のフィードバックや「あなたの努力や頑張りから多く刺激をいただいた」など行動の過程をフィードバックしてくれるサポートである。こうしたフィードバックを通して,本人が自信をつけたり,モチベーションのアップに期待を持つことができる。さらに「情緒的サポート」とは他者からの励ましや共感等によって安心感が得られるようなサポートを指している。人は,何かの問題に直面した際にパワーレスの状態に陥ることもめずらしくない。他者が本人の気持ちに寄り添おうとするメッセージや姿勢が,この情緒的サポートにつながっていく。そして最後の道具的サポートとは,形づく物体や手伝いなどのサービスを提供することによって問題解決に貢献するサポートのことである。

　次に大橋によるソーシャルサポートの考え方について取り上げておくと,①存在・役割を位置づけ,自己実現の機会を提供し,それらの活動を評価するサポート,②情報を提供し,自己選択,自己決定を誤らないようにするサポート,③生活上必要な個別具体的な支援を提供するサポート,④精神的に励まし,支え,受け入れる情緒的サポートに整理,分類されている(表13-1)。

　続いてソーシャルネットワークという言葉についてみていく。渡辺はソーシャルネットワークを「個人を中心とする可変的かつ有機的な人間関係の構造」と説明している。つまり,ソーシャルネットワークとは社会生活を営むうえで本人が持っている人間同士のつながりそのものを意味しており,それはポジティブな側面も持ちあわせていればネガティブな側面もあると考えることができる。たとえば,とある人と良好な人間関係を築くことができれば,その人は本人にとって問題解決をうながすネットワークの一部として期待できる反面,

152

表13-1　大橋謙策によるソーシャルサポートネットワークの考え方

ソーシャルサポートネットワークには，その人の社会関係の拡がりと深さと機能に関するネットワークに関する部分と，具体的支援の程度と内容に関するサポートの部分がある。以下の4つのサポートが考えられる。
① 存在・役割を位置づけ，自己実現の機会を提供し，それらの活動を評価するサポート
② 情報を提供し，自己選択，自己決定を誤らないようにするサポート
③ 生活上必要な個別具体的な支援を提供するサポート
④ 精神的に励まし，支え，受け入れる情緒的サポート

出所：大橋謙策（2010）「地域福祉の基本的な考え方」社会福祉士養成講座編集委員会編『地域福祉の理論と方法——地域福祉論（第2版）』中央法規出版，38頁をもとに筆者作成。

その人と良好な人間関係が構築されていなければ，本人にとって問題の悪化や新たな問題の発生を招く原因につながるという理解になる。

　ソーシャルサポートとソーシャルネットワークの意味を含む概念がソーシャルサポートネットワークであり，それは人間関係のつながりの中で支援対象者の問題解決につながるソーシャルサポートが提供される状態と理解することができる。

（4）地域共生社会の実現とソーシャルサポートネットワーク

> **ショート事例**
> 　現在，君子さん（45歳）は義父（80歳）と夫（50歳），長女（13歳）と長男（10歳）の5人で暮らしている。
> 　認知症の診断を受けている義父は介護を必要とする状態であり，その介護は君子さんが一人で担っている。また義父の介護に加えて，家事全般や子育てについても君子さんが一人で担っており，君子さんの心身はひどく疲れている状況にあるものの，そのつらさや苦しさを誰にも相談できていない状況である。
> 　君子さんの夫はこれまで勤務していた会社が倒産し，現在は求職活動中である。会社が倒産して以降，夫は気を紛らわすためにお酒に依存するようになり，些細なことで君子さんと言い争うことが増え出し，夫婦喧嘩が絶えない。
> 　こうした一連の状況を受け，君子さんのストレスの矛先が最近，長女に向いており，長女はこころの不調から中学校に登校できない日々が続いている。

　個人や家族が抱える生活課題に目を向けてみると，それは一つの分野に収まるような単純・単一化された課題だけではなく，多様な分野にまたがる複雑・複合化した生活課題として存在していることがある。本事例は一つの家庭に認知症の義父の介護に関する支援課題や不登校となっている子どもへの支援課題，さらにはアルコール依存傾向にある夫に対する支援課題など，複合的な生活課題が混在している典型的なケースである。

　こうした家族に対しては，総合的かつ包括的な支援を提供していくことが必要となるわけだが，長きにわたりわが国の社会福祉における公的支援体制は，支援対象者が抱える生活課題が一つひとつに切り分けられ，その課題ごとに対応されてきた。いわゆる「縦割り」の支援体制であり，こうした「縦割り」の弊害といえば相談窓口によって対象者の相談が断られたり，支援のたらい回しが起こりがちになるといった問題である。これに加えて，原則として支援を必要とする対象者本人が支援情報を収集し，本人が申請窓口へと出向き，所定の手続きをとらなければ必要な支援を受け取ることができない申請主義の課題や，公的支援が対象としない生活課題を抱えている対象者への対応といったいわゆる「制度の狭間」の問題は，ソーシャルワークが取り組むべき大きな支援課題である。

　一連の課題を解決につなげていくために打ち出された理念が「地域共生社会の実現」である。地域共生社会とは「制度・分野ごとの『縦割り』や『支え手』『受け手』という関係を超えて，地域住民や地域の多様な主体が『我が事』として参画し，人と人，人と資源が世代や分野を超えて『丸ごと』つながることで，住民一人ひとりの暮らしと生きがい，地域をともに創っていく社会」[9]とされる。ソーシャルサポートネットワークはこのような地域共生社会の実現を目指すうえで必要不可欠なものとして捉えることができる。地域共生社会の実現が理念ということであれば，ソーシャルサポートネットワークはこうした社会の実現を具現化する一つの手段といえる。

2　ソーシャルサポートネットワークの実際

さて，ここからは本章におけるショート事例をもとに，ソーシャルサポートネットワークの構築について考えてみたい。

仮に支援対象とする個人を君子さんに置いて考えてみた場合，君子さんは少なくとも義父の介護や子育て，夫婦間の問題など複数の生活問題を抱えており，しかもそれが引き金で心身に不調をきたす状態にまで陥っている。こうした君子さんの抱える問題の解決を進めていくにあたってソーシャルサポートネットワークを形成しようとする際に，まずもって行わなければならない作業は，君子さんが現在どのようなソーシャルサポートを有しており，それが実際にどのようにつながっているのかという点を把握するということである。事例では，君子さんは誰にも相談することができず，一人でつらさや苦しさを抱え込んでいるため，現状として君子さんにソーシャルサポートは提供されていないものとみなす。

次に本人の支援ニーズを明らかにして，それに対するフォーマルな支援とインフォーマルな支援を提供するネットワーク体制を築いていく必要がある。またそのためにソーシャルワーカーは，本人への情緒面でのサポートと問題解決の手段となるサポートを適切につむぎ合わせていくスタンスで支援に取り組むことが求められる。

君子さんを情緒面で支えるソーシャルサポートを結びつけるには，過去の君子さんが培ってきた人間関係からその可能性を持つ人々を把握し，その中から必要に応じ君子さんにつなぐという考え方がある。しかもそれは友人，親族，近隣といったインフォーマルサポートである場合もあれば，過去の公的な相談機関の利用経験から専門職がフォーマルサポートになる場合も考えられる。加えて，過去の君子さんの人間関係から情緒面でのソーシャルサポートが期待できないと判断される場合には，新たなソーシャルサポートを開拓し，君子さんに結びつけることができないか模索する必要も出てくるだろう。

また問題解決にあたっては，介護，子育て，夫婦問題のそれぞれに応じた解

決の手段となり得るソーシャルサポートをつなぐことが重要となる。

　たとえば義父に対する介護問題として，自己流で介護を一手に担う君子さんにとって介護負担が著しいということが問題になっているとすれば，近隣の地域包括支援センターを通じて，ケアマネジャーにつなぎ，そこから介護保険サービスの申請，利用に至ることで問題解決に向かって前進するかもしれない。

　また子育ての問題については，不登校となっている長女との関係や関わりという部分で，学校の先生やスクールソーシャルワーカーといったフォーマルサポート，あるいは不登校の子どもの子育てを経験した君子さんの友人や近隣住民といったインフォーマルサポートが結びつけられることによって，よりよい方向へ進む可能性も出てくる。

　さらに夫との関係を再構築していくために，まずはアルコール依存の状態を断ち切る必要があるという考え方を前提にすれば，アルコール依存症を治療する専門職やその後のリハビリテーションを提供する自助グループの参加メンバーがソーシャルサポートとなり，問題解決へ有効に機能する可能性がある。

　事例にあるような，支援対象者が抱える複合化した福祉課題を丸ごと解決に結びつけるには，こうしたソーシャルサポートネットワークを構築していく体制整備が重要となる。

3　ネットワーキングとコーディネーション

　ここからは，地域におけるネットワークが効果的に機能するためのソーシャルワーカーが有する技術としての「ネットワーキング」と「コーディネーション」を取り上げ，説明していく。

　ネットワーキングとは，異なる特性を持つ個人・集団・組織等がつながりを形成し，目標の達成に向かって情報共有を可能にする仕組みづくりのことであり，そのプロセスを指している。

　地域に目を向けてみると，そこには支援対象者が抱える複合的な福祉課題の解決に寄与できる保健・医療・福祉をはじめとしたさまざまな関係者および関係機関が存在している。ただし，こうした人や組織がただ単に地域に存在して

いるというだけでは，課題解決にあたり何の意味もなさない。支援対象者の課題解決をめぐって大切となる視点は，地域に存在している複数の関係者や組織が有機的につながり，こうしたネットワークから生み出される支援を本人が主体的に活用できる環境をつくりあげるということである。ネットワーキングとはそのための手段であり，ソーシャルワーカーが身につけておくべき技術でもある。

　そして地域の関係者や関係機関等が有機的につながり，支援対象者が抱える福祉課題の解決に向けて必要な支援が提供される状態を目指して調和・調整する技術がコーディネーションである。

　地域における関係者や関係機関はもともと一つひとつが独立して存在しているものであり，掲げる目的や使命，役割も異なっている。保健・医療・福祉の専門職を取り上げてみても，各専門職の専門性や価値観の違いによって支援対象者の問題への着眼点や支援目標，支援方針など，見解の相違が生まれることがたびたびある。したがって，それぞれの専門職が一つのチームとしてまとまり，支援対象者に対してより高い支援効果を上げていくことが大切となる。支援に関係する人や組織がチームとして機能していくには，それぞれの支援観や強みも含めて，お互いがお互いを知るというところから出発し，共通目標に向かって協働する姿勢が求められる。

　ソーシャルワーカーは支援対象となる本人を中心に据えて，それぞれ異なる特性を持った関係者や関係機関への連絡調整，すなわちコーディネーションを図りながら，支援に関係する人や組織が有する支援機能が最大限発揮される体制をつくりあげていく役割がある。

注
(1)　新村出編（2018）『広辞苑（第7版）』岩波書店，2265頁。
(2)　高井由起子・倉石哲也（1994）「個別援助処遇におけるネットワークの課題」『社會問題研究』43(2)，298頁。
(3)　菱沼幹男（2007）「ソーシャルサポートネットワーク」仲村優一・一番ヶ瀬康子・右田紀久恵監修『エンサイクロペディア社会福祉学』中央法規出版，1138頁。

(4)　渡辺晴子（2006）「ソーシャルワークサポートネットワークづくり」日本地域福祉学会編『地域福祉事典（新版）』中央法規出版，422頁。

(5)　(3)と同じ。

(6)　森慶輔・三浦香苗（2007）「ソーシャルサポートの文献的研究――ストレスに対する多様な影響に焦点を当てて」『昭和女子大学生活心理研究所紀要』10, 137～138頁。

(7)　大橋謙策（2010）「地域福祉の基本的な考え方」社会福祉士養成講座編集委員会編『地域福祉の理論と方法――地域福祉論（第2版）』中央法規出版，38頁。

(8)　(4)と同じ。

(9)　厚生労働省「『地域共生社会』の実現に向けて」（https://www.mhlw.go.jp/stf/seisakunitsuite/bunya/0000184346.html　2023年4月3日閲覧）。

学習課題

①　本章の理解を深めるうえでのキーワードとなる「ネットワーク」「ソーシャルサポートネットワーク」「ネットワーキング」「コーディネーション」について調べてみよう。

②　地域におけるネットワークづくりを進めるにあたって，その効果や難しさ，さらにはソーシャルワーカーが有すべき技術について整理してみよう。

キーワード一覧表

☐　ネットワーク　さまざまな人や組織のつながり。	150
☐　ソーシャルサポートネットワーク　個人にとって有益となるフォーマルサポートやインフォーマルサポートをつむぎ合わせながらその解決が前進していく状態をつくりだす支援網。	151
☐　ネットワーキング　異なる特性を持つ個人・集団・組織等がつながりを形成し，目標の達成に向かって情報共有を可能にする仕組みづくりのことであり，そのプロセス。	156
☐　コーディネーション　地域の関係者や関係機関等が有機的につながり，支援対象者が抱える福祉課題の解決に向けて必要な支援が提供される状態を目指して調和・調整する技術。	157

第14章

ソーシャルワークにおける
社会資源との協働体制

　ソーシャルワーク実践において，社会資源の活用は不可欠なものである。しかし，クライエントが抱える生活課題は，日々，変化を遂げるものであり，既存の社会資源を活用するだけでは必ずしも十分ではない。そのため，新たな社会資源の開発も同時並行的に求められることとなる。本章では，ソーシャルワークにおける社会資源の捉え方を確認するとともに，ソーシャルワーカーがいかに社会資源を開発し，協働していくかということについて学ぶ。

ミニワーク
　自分の住んでいる地域の社会資源マップを作成してみよう。そのとき，フォーマルな社会資源を□で，インフォーマルな社会資源を○で，囲んでみよう。

1　ソーシャルワークにおける社会資源

　社会資源とはどのようなことを指し示す概念なのであろうか。田中は，「利⁽¹⁾
用者のニーズを充足・解決するために動員・活用される有形無形の人的・物
的・制度的・情報的資源」の総称であると定義している。そのうえで，「おお
よそ福祉に関連する知識や情報，施設や機関，法律や制度，設備や資金・物品，
ボランティアや専門職などの人材および人材の有する技術や能力のすべてが含
まれる」としている。つまり，社会資源とは，クライエントを取り囲むすべて
の人やモノ，さらにはそうした人やモノとの関係性に至るまでを指し示した広
範囲に及ぶ概念であるといえる。

　さらに渡辺は，こうした資源を，①自然的な資源，②文化的な資源，③人的⁽²⁾
な資源，④人のつながりによる資源，⑤政治的な資源，⑥経済的な資源，⑦物
理的な資源といった7つの枠組みを用いることによって，クライエントのニー
ズを充足させるために必要な資源を見つけ出すことに役立つと指摘している。
このように私たちは，社会においてさまざまな資源に触れながら日常生活を営
んでいる。関わりの濃淡はあるにせよ，社会資源に触れずに生きていくことは
できない。特に生活上の課題があらわれたとき，どの資源を活用することでそ
の課題が解消あるいは軽減されるのか，ということを考えることは私たちがよ
り豊かな生活を営むためにも非常に有益であると考えられる。

　しかし，このような資源は，常に目に見えるわかりやすいかたちで存在して
いるとは限らない。ソーシャルワーカーにとっては，目には見えない資源とな
る人やモノ，情報といったものを社会の中から見つけ出し，活用することがで
きるように環境調整を行っていくことがその職責の一つとなる。もっとも，こ
のような資源となる人やモノ，情報は，必ずしも専門的な機関や専門職である
とは限らない。これまで関わりのなかった機関や近隣住民等，地域社会に対し
て多角的に視点を拡げていくことが求められている。たとえばクライエントを
取り囲む社会資源などをエコマップを描くなどして整理するなどすることで，
支援に必要な資源を把握していくことが重要である。

2　社会資源との協働体制

　社会資源には，一般に，フォーマルな社会資源とインフォーマルな社会資源とがあるといわれている。

（1）フォーマルな社会資源

　フォーマルな，公的な社会資源は，制度に基づいた社会資源として理解することができる。市区町村の役所，福祉事務所，保健所，社会福祉協議会，地域包括支援センター，障害者相談支援事業所，児童相談所などとそこに属するさまざまな専門職やスタッフが挙げられる。こうしたフォーマルな社会資源の多くは，対象領域ごとの縦割りに応じて存在していることが多い。制度の適用を受ける分，安定的にサービスを受けることが可能となるが，逆に制度の適用にあたっての要件を満たすことができなければサービスを受けることができなくなってしまう。ただし，サービス利用にあたっては申請等の煩雑な手続きが必要となる。

（2）インフォーマルな社会資源

　他方，インフォーマルな，非公的な社会資源は，制度に基づかない柔軟な社会資源として理解することができる。クライエントを取り囲む家族や友人，隣人，知人，ボランティアなどが挙げられ，必ずしも専門性を有している者ばかりではない。また，NPO 法人や一般社団法人などの非営利の団体による制度に基づかない独自の活動などもこれに分類され得る。「**制度の狭間**」といわれるように，現存する制度のみでは対応できない生活課題を抱えたクライエントが当然に存在する。そうしたクライエントに対しても柔軟な対応を行うことが可能となるが，サービスの運営がサービスの運営主体の力によってのみ行われることになるため，安定性や持続性に不安が残る。もっとも，インフォーマルな社会資源による地道な活動によって，その必要性が公にも認められ，フォーマルな社会資源へと発展することもある。

行政機関	社会福祉協議会	社会福祉法人（福祉施設）	医療法人（病院・医院・診療所）	地域の団体・組織（民生・児童委員協議会）	民間事業所（訪問介護事業所・無認可保育所・宅老所他）	組合（農協・郵便局・生協他）	企業（商店・銀行・バス会社・NTT他）	NPO団体	ボランティア	地域の団体・組織（消防団・子供会・町内会など）	当事者組織（寝たきり老人家族の会・母子クラブ・車椅子利用者の会など）	友人・知人・同僚	近隣住民	親族	家族	本人

⟨ フォーマル　　　　　　　　　　　　　　　　　　　インフォーマル ⟩

図14-1　社会資源の分類

出所：小坂田稔（2004）『社会資源と地域福祉システム』明文書房，56頁。

　なお，フォーマルな社会資源とインフォーマルな社会資源との関係については，小坂田は図14-1のように整理している。左にいくほうがよりフォーマル[3]となり，右にいくほうがよりインフォーマルになると考えられる。

（3）ソーシャルサポートネットワーキング

　公的機関やさまざまな専門職等によるフォーマルサポートと，クライエントを取り囲む，家族，友人，近隣，ボランティアなどによるインフォーマルサポートとをあわせてソーシャルサポートネットワークを構成するといわれる。また，「人を中心として，ソーシャルサポート機能をもつ社会関係と，その構造としてのソーシャルサポートネットワークの形成・維持」する取り組みのことをソーシャルサポートネットワーキングという[4]。このソーシャルサポートネットワークの拡充こそが，クライエントとフォーマル／インフォーマルな社会資源とのつながりを示すものとなり，生活課題があらわれたときの早期の発見や早期の支援開始にもつながってくることになる。

（4）多機関多職種連携と包括的支援体制

　私たちの生活は，さまざまな要素が連関しながら成り立つものであり，安易に何かを切り離したりできるものではなく，多次元的多層的につながっている。だからこそ，一人のクライエントに対しても多機関多職種による連携（すなわち，**多機関多職種連携**）が不可欠となり，包括的支援体制の構築が求められるのである。

　ここでいう多機関多職種には，フォーマルな社会資源もインフォーマルな社会資源も含まれている。フォーマルな社会資源とインフォーマルな社会資源とが有機的に連関することによって，ソーシャルサポートネットワークが構築さ

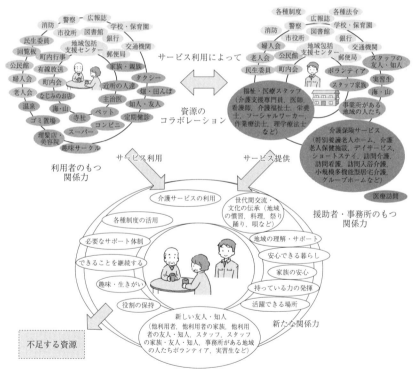

図14-2　社会資源の活用と開発

出所：ライフサポートワーク推進委員会編（2010）『ライフサポートワーク実践テキストブック』中央法規出版，55頁より。

れ，包括的な支援を行うことができる。ソーシャルワーカーには，クライエントが抱える生活課題を的確に把握し，フォーマルな社会資源とインフォーマルな社会資源との双方の力を活用しながら，支援をコーディネートしていくことが求められる。ただし，フォーマルな社会資源にしても，インフォーマルな社会資源にしても，大都市と地方都市，さらには限界集落のような地域とでは，その有無に大きな差が生じてくる。一般には，大都市のほうがさまざまな社会資源が充実しており，地方都市，限界集落といったようにその規模が小さくなるほど，その数も減っていくものと考えられる。そのため，都市の規模が小さくなればなるほど，近隣都市との広域連携や，社会資源の開発という視点をより強く持つことが必要となる。ソーシャルワーカーには各地域における特性を把握したうえで，現存するさまざまな社会資源を生かしながら，ときにその開発，創設を行いながらソーシャルワークを展開していくことができるかが問われているわけである。

　改めていうまでもないが，このような社会資源を活用して，クライエントを支えていくことはもちろん重要であるが，クライエント自身が持つ**内的資源**を引き出すという視点も忘れてはならない（図14-2）。

3　社会資源の開発

（1）社会資源開発

　社会資源の開発について，田中は，①社会資源としての制度設置を要求するソーシャルアクション型，②住民への啓発活動を行う福祉教育型，③国政や各地方自治体の多様な福祉計画等を活用するソーシャルプランニング型，④すでにある制度を再資源化できるように運用の改善や未活用の制度の掘り起こしなどを行う既存制度活用型，⑤親族や近隣住民などの身近な人々から支援を引き出すソーシャルサポート活用型，という5つに分類を行っている。クライエントに近いところから考えると，⑤→④→③→②→①という順で，働きかける対象が広域化している。

　岩間は，こうした社会資源の開発は，家族や地域に存在する公私のグループ

であることが多く，ソーシャルワーカーは，そうした資源としてのグループを活用するだけでなく，新たに創造する役割も果たさなければならないと指摘している。このような働きかけは，それぞれに独立して行うだけでは十分ではない場合もあり，可能な限り同時並行的に行っていく必要があると考えられる。また，社会資源の開発においては，ソーシャルワーカーのつなぐ力が重要であり，つなぐという役割を通して社会資源を創出していくことになる。「普通にある社会資源をつなぐ」という役割の中に，「利用者の持つ社会資源」や「地域のことをよく知る人」とつなぐことが含まれている。くわえて，空閑は，「地域の主体である住民とソーシャルワーカー及び支援機関との信頼関係に基づく連携や協働による取り組みそのものが，地域における様々な社会資源の開発，地域福祉の推進と地域共生社会の実現につながる」と指摘している。たとえば，刑務所等出所者に対する支援は，重要な地域福祉の課題であるにもかかわらず，社会福祉の諸機関，地域住民からの差別・偏見のまなざしを注がれることが多い。こうした状況を打開していくためには，社会福祉の諸機関といった支援の担い手，受け入れる地域住民の理解がなければ成り立たない。そこで，刑事司法の機関である保護観察所において，社会福祉の機関である地域生活定着支援センターが主体となって，社会福祉の諸機関といった支援の担い手に対する学習会等を行うことで，差別・偏見を減らし，支援の担い手を増やしていこうという取り組みなどが行われているが，こうした取り組みも社会資源の開発の一つといえる。

　社会資源の開発とは，何も，それぞれの課題に応じたこれまでにない新しい資源を創り出すことだけを示しているわけではない。現存する機関や人々も重要な社会資源の開発になり得る。これまで支援に関わってこなかった人的・物的・制度的・情報的資源を，支援の主体としていくことにつなげていくことも意味している，と広く捉えていくことができるだろう。クライエント個人への支援とクライエント個人を支える地域支援とを連動させながら包括的な支援を行うことがソーシャルワークには求められるわけである。個別支援と同時並行的に展開されるべき地域支援は，地域におけるさまざまな社会資源を「開発」することであり，多機関多職種連携と包括的支援体制を構築していく過程であ

る，とみることもできる。個別の生活課題を社会問題として構築していく視点が不可欠となる。

（2）社会資源開発の課題

　社会資源の開発にあたっては，個別支援のニーズをコミュニティの普遍的なニーズにどのように発展させるかが課題であるとされている[9]。何と何を，どのようにつなぐのか。地域住民のボランティアだけではなく，地域におけるインフォーマルな資源の開発を行い，クライエントの多様なニーズにあわせて，いかにサービスを調整していくのか，ということが大きな課題となっている。そのためには，フォーマルな社会資源だけではなく，インフォーマルな社会資源の活用が必要となってくる。

　さらに，狭間は[10][11]，クライエントの主観的視点を組み込むことの重要性を説き，外的な社会資源だけではなく，クライエントの現実構成を転換させることで，新たな社会資源ができるとも指摘している。あくまで，クライエントの視点によりそい，クライエントの生活課題を解消しようとする営みがその根源にあるということを忘れてはならない。

（3）社会資源の創出とソーシャルアクション

　新たな社会資源の創出は，制度的社会資源を批判し否定したうえで，それを乗り越える自発的な社会福祉の活動から生み出される[12][13]。また，加山は[14]，「不利な状況に置かれた人々（要援護者，マイノリティ）の立場に立ち，その人々の生きる権利を擁護し，声なき声を聴いて代弁すること（アドボカシー），社会参加や意思決定を側面的に支援すること，不利な状況に置かれた人々が泣き寝入りせずに声を上げ，社会を変えていけるように働きかけること（ソーシャルアクション）などが重要であり，それらがソーシャルワーカーの仕事」である，と指摘している。

　ソーシャルワーカーは，現状を的確に把握したうえで，社会資源を自らが中心となって創り出す主体となり得る存在であるべきであろう。ソーシャルワーカーは，制度的保障と直接的市民参加の両立の中で，人間性豊かな社会の創造

を目指していく必要がある。外的な衝撃にも負けず，立ち直ることができる強
さ，逆境に負けないレジリエンスを引き出すソーシャルワークの展開が求めら
れている。

注

(1)　田中英樹（2015）「コミュニティソーシャルワークの概念」中島修・菱沼幹男編
　　『コミュニティソーシャルワークの理論と実践』中央法規出版。
(2)　渡辺裕一（2021）「ジェネラリストの視点に基づく総合的かつ包括的な支援の意
　　義と内容」日本ソーシャルワーク教育学校連盟編『ソーシャルワークの基盤と専門
　　職［共通・社会専門］』中央法規出版。
(3)　小坂田稔（2004）『社会資源と地域福祉システム』明文書房。
(4)　(2)と同じ。
(5)　(1)と同じ。
(6)　岩間伸之（2005）「ジェネラリスト・ソーシャルワーク」『ソーシャルワーク研
　　究』31(1)。
(7)　狭間香代子（2016）『ソーシャルワーク実践における社会資源の創出——つなぐ
　　ことの論理』関西大学出版部。
(8)　空閑浩人（2021）「ソーシャルワークの主要な機能」これからの地域づくりを担
　　うソーシャルワーク現任者の実践力の強化・育成に関する企画委員会編『みんなで
　　めざそう！　地域づくりとソーシャルワークの展開』全国社会福祉協議会。
(9)　(7)と同じ。
(10)　狭間香代子（2001）『社会福祉の援助観——ストレングス視点・社会構成主義・
　　エンパワメント』筒井書房。
(11)　(7)と同じ。
(12)　岡村重夫（1983）『社会福祉原論』全国社会福祉協議会。
(13)　(7)と同じ。
(14)　加山弾（2020）「地域を支援するソーシャルワーク」東洋大学福祉社会開発研究
　　センター編『社会を変えるソーシャルワーク——制度の枠組みを越え社会正義を実
　　現するために』ミネルヴァ書房。
(15)　岡本栄一（1981）「ボランティア活動をどうとらえるか」大阪ボランティア協会
　　編『ボランティア——参加する福祉』ミネルヴァ書房。

参考文献

奥西英介（2000）「ケアマネジメントで調整する資源」白澤政和・橋本泰子・竹内孝仁監修『ケアマネジメント概論』中央法規出版。

ゾッリ，A.・ヒーリー，A.M.／須川綾子訳（2013）『レジリエンス　復活力——あらゆるシステムの破綻と回復を分けるものは何か』ダイヤモンド社。

野口定久（2006）「住民運動と市民運動」日本地域福祉学会編『地域福祉事典（新版）』中央法規出版。

ライフサポートワーク推進委員会編（2010）『ライフサポートワーク実践テキストブック——小規模多機能型居宅介護・グループホームのケアマネジメント』中央法規出版。

学習課題

① 社会資源の定義をもとに，自分にとっての社会資源について整理してみよう。

② ソーシャルサポートネットワークを形成，維持していくために，ソーシャルワーカーは専門職としてどのような役割を果たせばよいか考えてみよう。

キーワード一覧表

□ **制度の狭間**　ごみ屋敷の問題に代表されるような，既存の制度や法律では解決の難しい制度と制度の間に陥ってしまった問題を指す。　　　　161

□ **多機関多職種連携**　異なる専門性を有した職種や機関が，クライエントの生活課題の解消という同じ目的のもと支援を行うために，連絡をとり合ってそれを行うこと。　　　　163

□ **内的資源**　クライエント自身が本来，有している適応能力（コンピテンス），解決能力。　　　　164

□ **ソーシャルアクション**　社会的に弱い立場にある人の権利擁護を主体に，その必要に対する社会資源の創出，社会参加の促進，社会環境の改善，政策形成等のソーシャルワークの過程の重要な援助及び支援方法の一つ。　　　　166

□ **レジリエンス**　システム，企業，個人が極度の状況変化に直面したとき，基本的な目的と健全性を維持する能力。　　　　167

第15章

総合的かつ包括的なソーシャルワークの展開

　本章では，総合的かつ包括的なソーシャルワークの展開に不可欠なものとして，利用者・家族の参画（参加・協働）を根底として，地域全体で支えることの重要性を理解する。また，多様性が求められるソーシャルワーカーにとって力量を高めるための新たな視点として，ネガティブ・ケイパビリティの可能性に触れる。ソーシャルワークが高度な専門性を有したジェネラル・ソーシャルワークであることを理解していこう。

ミニワーク
　本章の中には，ソーシャルワーカーが大切にしていかなければならない視点が述べられている。①自分がソーシャルワーカーとして，どのように利用者・家族に向き合うべきなのか，②すぐに答えや理由を求めるのではなく，よくわからない，心がもやもやした中で，急がず，焦らず，耐えることの大切さについて考えてみよう。

1　地域を基盤としたソーシャルワーク

（1）ソーシャルワークの展開に不可欠な利用者・家族の参画

　ソーシャルワークを学び，実践する中で，ソーシャルワークという用語の響きが美しいと感じたことはあるだろうか。ソーシャルワークと社会福祉は混同されやすく，曲解されていることが少なくない。ソーシャルワークとは何かを臨床で問い続けることこそが大切なことである。「臨床」とは，実際に悩み，困っている人の傍らで，ともに歩み，同じ世界で解決の糸口をともにさぐることを意味している。

　ソーシャルワークは，ミクロ・メゾ・エクソ・マクロレベルでの展開があり（図15-1），個人の持つ生活課題から家族を含めた複雑で多様化した課題もある。また，生活の基盤となる場所での課題や地域性，文化性などその地域特有の歴史的背景を含んだ生活形態，生活課題もある。さらには，地域社会のみならず国レベル，国際社会での課題などへのアプローチもソーシャルワークには求められている。これらに共通していえるのが，それらはすべてつながりを持っているということである。それぞれが区切られているのではなく，連続性を持っているのである。それらの課題は，その広がりや深さなどさまざまであるが，つながりがあるということを理解しておかなければならない。なぜなら，ソーシャルワークの実践には，ソーシャルワーカーの価値・技術・方策・方法を用いて広い視野と発想から展開することのできる資質が求められるからである。

　ソーシャルワークは，制度・政策としての社会福祉の総称ではなく，実践活動そのものである。それは，利用者を中心とした実践であり，利用者とソーシャルワーカーとのパートナーシップをもとに展開される。さまざまな生活課題や生きづらさを抱えている利用者は少なくない。また，その利用者の家族もともに苦しんでいることもある。利用者個人のみではなく，その家族なども含めた総合的かつ包括的な展開が必要である。利用者・家族の参画およびソーシャルワーカーとのパートナーシップがソーシャルワークの展開の根底である。

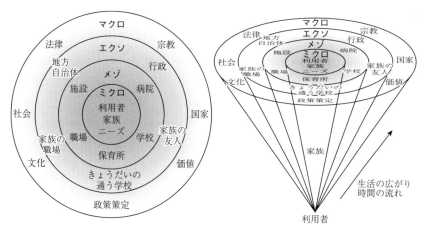

図 15-1　ミクロ・メゾ・エクソ・マクロ
出所：筆者作成。

（2）地域で支える意義

　総合的かつ包括的なソーシャルワークを展開するための基盤は，利用者の生活の場であり，その地域である。重要なキーワードは「地域」である。ここでいう地域とは，日常生活圏域と理解しておきたい。地域を基盤としたソーシャルワークの展開では，大きく2つの意味を理解する必要がある。

　まず1つ目は，「利用者を地域で支える」ということである。利用者の生活の場は多様であり，自宅に限ったことではなく，施設なども生活の場として考えることができる。また，さまざまな家族形態もあり，核家族や一人暮らしなど利用者を取り巻く家族，広い意味での人と人のつながりを包括的に捉えたソーシャルワークの展開が求められている。その際の基盤が地域ということである。地域で支えるということは，その地域で暮らす人々の生活を支えることを意味している。人といっても幅広く，子どもから高齢者，障害者（身体障害，知的障害，精神障害），一人暮らしの人から核家族や母子・父子など多様である。このように地域で支えるということは，重要なことではあるが，容易ではない。そのためには，地域そのものを育てることも必要である。

　2つ目は，「利用者を支える地域をつくり，育てる」ということである。支

援の展開は，利用者や家族といった「個」に対して焦点を当てて行われるが，さらに広い視野と発想から地域を育てていくこと，誰一人取り残さない，持続可能な社会の実現のための目標（SDGs：Sustainable Development Goals）の達成を目指し醸成することが重要である。フォーマルサービスとしての機関（福祉事務所，地域包括支援センター，児童相談所など）や団体（社会福祉協議会，非営利での社会貢献活動や慈善活動を行う市民団体である NPO）との合意形成や相互関係を基点に，地域のさまざまな社会資源を活用することがソーシャルワークには求められる。一方で，フォーマルサービスが行き届かないことも顕在化している。たとえば，ごみ出しや家具などの移動，ひいては電球の交換など一般的には小さな困り事なのかもしれないが，利用者本人にとっては切実な困り事，生活のしづらさといえよう。このような，フォーマルサービスが対象としてみてこなかったことの隙間を埋める，つなぐことが切れ目のないサービスの調整・展開といえる。その際に期待されるのが，近隣住民やボランティアなどのインフォーマルサービスである。しかし，高齢化や過疎化，限界集落といった生活課題の多様化や複雑化が進行している地域において，それらを作り上げていくことは容易なことではない。その地域の特徴をアセスメントし，その地域の住民に即したサービスを創造していく力こそ，地域を基盤としたソーシャルワーカーに求められる資質である。そして，ソーシャルワーカーには，住民や地域の小さな変化にも迅速に気づき，予防的な取り組みやそれらの解決に向けたネットワークの形成が求められる。

　すなわち，点と点をつないで線になり，その線と線を結んで地域という名の面とするためには，フォーマルサービスとインフォーマルサービスをつなぐ必要がある。

　これら「利用者を地域で支える」と「利用者を支える地域をつくり，育てる」の2つの展開が同時並行的に取り組まれることにより，地域の力をより高めていくことへとつながるのである。

（3）地域を基盤としたソーシャルワークの特徴と機能

　地域を基盤としたソーシャルワークについて，岩間は表15-1の4つの特徴[1]

表 15 - 1　地域を基盤としたソーシャルワークの4つの特徴

本人の生活の場で展開	生活全体に焦点を当て，本人の「生活の場」を重視
対象の拡大	生活のしづらさ，以前から存在している「制度の谷間に生きる人」への支援
予防的かつ積極的アプローチ	本人および地域の潜在的なニーズを把握し，問題発生を未然に防ぐ，あるいは深刻化させないために積極的に働きかける
ネットワークによる連携と協働	地域住民やボランティアとの連携，地域の機関や団体間の合意形成，協働によるネットワークとしての支援

出所：岩間伸之・原田正樹（2012）『地域福祉援助をつかむ』有斐閣，15～19頁をもとに筆者作成。

と8つの機能をまとめている。[(2)]

　8つの機能については，①広範なニーズへの対応，②本人の解決能力の向上，③連携と協働，④個と地域の一体的支援，⑤予防的支援，⑥支援困難事例への対応，⑦権利擁護活動，⑧ソーシャルアクションである。

　岩間がこれらの機能と特徴をまとめた当時と比べて，現在の地域，社会情勢は変化しているといえる。特に注目すべきは，新型コロナウイルス感染症等の登場によって，全世界の人々の生活は変化したといえる。それらの状況をふまえて，8つの機能に加えて，⑨として，生活形態の変容を挙げておきたい。これまでのソーシャルワークの支援方法の基本は，対面による面接技法が主流であったといえる。しかし，新型コロナウイルスの感染拡大により，在宅ワークの推進やパソコン等の通信機器を活用したリモート会議など，直接会っての会話ではなく，画面を通じた新たなコミュニケーション手段が積極的に導入された。これらの導入は，遠隔での対応が可能になるといった利便性の向上をもたらしたといえる。その反面，その周辺状況に気づきにくくなったことを実感することも少なくないだろう。これらの精査と検証は今後の課題として急務である。

　⑩として，未知なる不安への支援を挙げておきたい。出口の見えない不安を，ここ数年で全世界の人々は経験した。当たり前のことがそうではなくなることは，利用者自身の不安も増大させる。それは，ソーシャルワークの支援方法にも少なからず影響しているといえよう。どうにもならない事態に対して，何らかの解決の糸口を利用者とソーシャルワーカーのパートナーシップでさぐり対

表 15-2　地域を基盤としたソーシャルワークの10の機能

①	広範なニーズへの対応	「制度の狭間」の解消を視野に入れた従来の制度的枠組みに依拠しない支援対象。地域生活上の「生活のしづらさ」という広範なニーズへの対応。アウトリーチおよび先駆的・開発的機能の重視。
②	本人の解決能力の向上	個人，家族，地域住民等の当事者本人を課題解決やニーズ充足の主体とする取り組み，地域における生活主体者としての視座の尊重。主体性の喚起によるエンパワメント・ストレングス・レジリエンスの促進。
③	連携と協働	地域における多様な担い手や複数の機関との連携と協働。ネットワークの活用による課題解決アプローチ。本人を中心に置いたオーダーメイドの支援システムの形成。
④	個と地域の一体的支援	個を地域で支える支援と個を支える地域をつくる支援の一体的推進。個別支援から地域支援への連続性のある展開。「一つの事例が地域を変える」という積極的展開。
⑤	予防的支援	事後対応型から事前対応型への転換。地域住民との協働による早期発見，早期対応，見守りの推進。広範なアウトリーチの展開。地域における予防的プログラムの開発および導入。
⑥	支援困難事例への対応	多様化，深刻化，潜在化の様相を呈する支援困難事例への適切な対応。専門職による根拠に基づくアプローチ。地域における多様な担い手によるケースカンファレンスの活用。
⑦	権利擁護活動	最低限度の生活の維持および権利侵害状態からの脱却。さらに，本人の自己実現に向けたエンパワメント・ストレングス・レジリエンスの促進，予防的観点からの権利擁護，権利侵害を生む環境の変革を包含。地域における多様な担い手の参画。
⑧	ソーシャルアクション	個別支援の蓄積から当事者の声を代弁し，その声を束ねながら社会の側の変革を志向。広範なニーズの把握，地域住民の気づきの促進，分かち合いの促進，共有の拡大と検証という展開を重視。
⑨	生活形態の変容	在宅ワークやリモート会議，メールなどのように直接会っての会話ではなく，画面を通じた新たなコミュニケーション手段への柔軟な対応。
⑩	未知なる不安への支援	新型感染症等の未知なる不安に対して，不安を抱えていることの受容と柔軟な支援。

出所：岩間伸之（2011）「地域を基盤としたソーシャルワークの特質と機能——個と地域の一体的支援の展開に向けて」『ソーシャルワーク研究』37(1)，11頁をもとに一部加筆して筆者作成。

処しようとする努力は大切である。一方で，少し視点を変えてみるならば，不安を抱えたまま生きていくことを受容することもソーシャルワークの支援方法として重要なことではないだろうか。それらへの柔軟な支援が，現代を生きる者にとって最も重要なことである。

　以上の⑨と⑩を新たに加えて，10の機能として表15-2のようにまとめてみたい。

2　ネガティブ・ケイパビリティ

（1）急がず，焦らず，耐える力

　総合的かつ包括的なソーシャルワークを展開するために重要なキーワードとして，**ネガティブ・ケイパビリティ**を挙げておきたい。それは，多様性への配慮が求められるソーシャルワーカーにとって，力量を高めるために不可欠なものだからである。

　ネガティブ・ケイパビリティとは，帚木によると「どうにも答えの出ない，どうにも対処しようのない事態に耐える能力」のことである。藤本は，ネガティブ・ケイパビリティの日本語訳について「消極的能力」「消極的受容能力」「消極的でいられる能力」などを紹介し，どう訳語すべきかの検証を行っている。[4]

　臨床に根ざして，わかりやすく言い換えるならば「すぐに答えや理由を求めるのではなく，よくわからない，心がもやもやした宙ぶらりんの中で，急がず，焦らず，もがきながら，耐えることのできる能力」とひとまずまとめておきたい。

　ネガティブ・ケイパビリティの歴史は，詩人のキーツ（J. Keats）が22歳のときに弟のジョージとトムに宛てた手紙（1817年12月21日に書かれたと考えられている）の中で一度だけ用いた表現である。キーツは25歳で生涯を閉じている。今から約200年も前に書かれた手紙が，約170年後にイギリスの精神分析医のビオン（W.R. Bion）によって，「ネガティブ・ケイパビリティが保持するのは，形のない，無限の，言葉では言い表しようのない，非存在の存在」[5]と表現したこ

とでその重要性が広まった。すなわち，ビオンもキーツと同じように「事実や理由をせっかちに求めずに，不可思議さ，神秘，疑念をそのまま持ち続けること[6]」が大切だとし，精神分析家たちが持つべき能力であると考えた。

　キーツは，弟たちに宛てた手紙の中で，シェイクスピアがネガティブ・ケイパビリティの能力を持っていたとしている[7]。帚木は，紫式部もその能力を有していたことについて触れている[8]。

　このように歴史上，たいへん有名な人物たちがネガティブ・ケイパビリティを有していることは，とても興味深いことである。そして，いまを生きる私たちにとって，このネガティブ・ケイパビリティがどう有益な能力となるのか，ソーシャルワークにおける利用者支援にどう活用できるのかを考えてみたい。

（2）なぜ，今ネガティブ・ケイパビリティが求められるのか

　現代社会では，あらゆる事象に対して，根拠が求められることが少なくない。あるいは，原因と結果のようにさまざまなことが明確に解明されることを求める傾向にある。これらは学校教育や仕事上での教育・訓練においても類似しており，計画を立て，分析・検討し，相手にわかりやすく伝え，迅速に解決することを善しとした問題解決能力，いわゆるポジティブ・ケイパビリティのことを指している。

　一方で，実際に私たちの生活の中では，曖昧なことや理不尽なことが当然のことのように存在し，さまざまな困難やストレスを抱えながら仕事や家事などに追われ，余裕をなくして生きている。場合によっては，身体のみならず，心の風邪と表現できるような疾患に罹っている人もいるだろう。このような状況において，ネガティブ・ケイパビリティは，大きな意味を持っているのではないだろうか。

　人々の暮らしの中では，効率性や生産性などの向上を求め，さまざまなものが便利になってきた。また昨今の新型コロナウイルスの流行によって，生活のしづらさに注目が集まった。その中で，リモートワークやリモート会議など移動をともなわない仕事・交流がなされるようになり，新たな生活様式の模索もされた。時間や場所など多くの変化が生じたといえるこの数年で，AIの技術

も格段に進歩したといえる。将来的には AI に取って代わられてしまうといわれる職業なども登場してきた。しかし，どれほど科学や技術が進歩したとしても，AI がネガティブ・ケイパビリティを有することは困難であるといっても過言ではない。なぜならば，AI の目指しているものは，前述したポジティブ・ケイパビリティだからである。よりスピーディーに効率よく解決することを善しとする AI にとって，ネガティブ・ケイパビリティは無意味なことと理解されてしまうのではないだろうか。

　赤羽は，「優れた経営者，優れたリーダーはどうして即断即決できるのか。普段からその問題について考え続けているからだ」と述べている。これは，ネガティブ・ケイパビリティとは正反対のように感じるかもしれないが，枝廣は，諦めずに，安易な結論に逃げずに，考え続けること，すなわち，ネガティブ・ケイパビリティに支えられての即断即決なのだと指摘している。

　どうにも答えの出ない，どうにも対処しようのない事態において，性急に答えを求めることで事態を悪化させてしまうことも少なくないだろう。あえて時が経つのをただひたすらに待つということも人生には必要なことなのかもしれない。無駄と思えることも実は必要なことだったと思えることもある。竹を割ったような性格の人間もいれば，柳のようにしなやかに揺れる人間も大切である。心のゆとりが失われている人にこそ，ネガティブ・ケイパビリティは必要なのである。

（3）ソーシャルワークにおけるネガティブ・ケイパビリティ

　ソーシャルワークでは，バイステックの 7 原則に代表されるように利用者支援における根幹ともいえる原則やアプローチがいくつか存在することは周知のことである。受容や傾聴，共感は時代が移り変わろうとも揺らぐことのないソーシャルワーカーとしての姿勢である。

　ヘイヴンズ（L. Havens）によれば，「共感とは，他者のなかに入り込み，その思考，感情，衝動などを共有すること」だという。これは，利用者と同じ視点や考え方，あるいは同じ世界の中で一緒になって悩み，考えるということを意味しているといえる。このことは，メイヤロフ（M. Mayeroff）がいうような

表15-3　ソーシャルワーカーがネガティブ・ケイパビリティを活用することで
　　　　可能となること

- 利用者の言葉にじっくりと耳を傾けることができるようになる。
- 声なき声に気づくことができるようになる。
- 利用者が沈黙をしている場合には，焦らず，待つことができるようになる。
- 言葉と言葉の静寂ともいえる間を必要な時間としてとらえることができるようになる。
- 思考や表情だけではなく，呼吸や息づかいまでも受け入れることができるようになる。
- ソーシャルワーカー自身に心のゆとりを持つことができるようになる。

出所：筆者作成。

「他の人々をケアすることをとおして，他の人々に役立つことによって，その人は自身の生の真の意味を生きているのである」ということとも共通していると考えられる。

　ソーシャルワーカーにとって，「共感」は大切である。利用者は自分の話に共感を持って聴いているソーシャルワーカーの表情や態度，雰囲気の中に自分への共感を理解するとともに，そのソーシャルワーカーが，その共感の中で同時に他者であること，ソーシャルワーカーとしての立場と考えを持ってともに歩む専門職なのだということに気づき始める。それは，利用者自身が考えもしなかった新たな視点や気づきを得ることにもつながる。すなわち，ソーシャルワーカーは，利用者への「共感」と「共感する他者」でなければならない。それは，利用者への焦点化した視点と，他者だからこそ見えてくる広い視野を持った俯瞰的視点の，両方が求められることを意味している。

　「共感」と「共感する他者」の熟成には，ソーシャルワークのさまざまな代表的アプローチの活用が有効であることはいうまでもない。さらにより高次へと昇華させるためにネガティブ・ケイパビリティは不可欠である。

　ソーシャルワーカーがネガティブ・ケイパビリティを活用することができるようになると，表15-3のようなことが可能となると筆者は考える。

　ネガティブ・ケイパビリティのネガティブという表現には，暗いや消極的，否定的などのイメージを持つことが少なくないため，明るいイメージのある別の表現をあてたくなることもあるかもしれない。しかし，ネガティブをネガティブのまま共感していくことにこそソーシャルワークにおけるネガティブ・

ケイパビリティの本質が存在するのである。

　したがって，ネガティブ・ケイパビリティは，ソーシャルワーカーも持たなければならない能力なのである。

3　ジェネラル・ソーシャルワーク

（1）わが国独自のソーシャルワークへ

　本章では，ジェネラリスト・ソーシャルワークではなく，ジェネラル・ソーシャルワークと称する。その理由を述べておきたい。さまざまなソーシャルワークのテキストをみると，「ジェネラリスト・ソーシャルワーク」や「ジェネラリストアプローチ」「ジェネラリスト実践」「ジェネラルな方法によるソーシャルワーク」などの用語が散見される。

　これらの背景には，他の章でも述べられているように，これまでのケースワーク，グループワーク，コミュニティワーク（コミュニティオーガニゼーション）の伝統的3方法による支援展開の困難さが明らかになってきたことから，1960年代以降にソーシャルワークの統合化が試みられるようになったことを契機としている。1968年のシーボーム報告にてソーシャルワーカーはジェネラリストとしてあらゆる事例に対応できることが望まれるようになった。1970年代には，バートレット（H. M. Bartlett）によってソーシャルワークをより強固にするための共通基盤の整理がなされた。また，1982年のバークレイ報告では，地域も含めたジェネラリストとしてのソーシャルワーカーに期待が寄せられた。1990年代以降には，わが国にもジェネラリスト・ソーシャルワーク，ジェネラリストアプローチが輸入され始めた。

　しかし，北米，広い意味での海外のジェネラリスト・ソーシャルワークをそのまま援用することは簡単なことのように思われるが，わが国の現状に即しているとは言い難く，それらを安易に理解して実践することへ警鐘を鳴らしておかなければならない。なぜなら，海外とわが国では，社会保障システムや制度・政策，文化，さらには専門職制度などが異なるからである。もちろん北米のジェネラリスト・ソーシャルワークの功績を批判するものではない。このこ

とをふまえたうえで，それらを基盤として，さらにわが国の現状，すなわち
人々の生活の実体に即したわが国独自のソーシャルワークが求められているの
である。

（2）ジェネラリストとの違いからみる固有性

　ジェネラル・ソーシャルワークの「general」とは，「generate」を語源とし，
包括・統合的の意味と創造性を重視した固有な概念である。1929年のアメリカ
のミルフォード会議においてのジェネリック―スペシフィック論争やジェネラ
リスト・ソーシャルワークとは一線を画す概念であり，太田によって提唱され
た。ジェネラル・ソーシャルワークは，限られた一定の分野の専門性を研ぎ澄
ませるといったスペシフィックを追い求めるだけではなく，生活への包括・統
合的な視点を持ったジェネリックも含んだ，わが国独自の概念である。

　ジェネラル・ソーシャルワークの特徴について，中村は，アメリカとの教育
体系の違いや実践者養成プログラムの課題の多さから，①実践者教育ではなく
方法に焦点化することの方が重要であること，②歴史的経緯から非専門的ニュ
アンスをもたざるを得ないこと，③わが国独自の新しい方法や展開過程の精緻
化を目指すこと，④まだ確立した固有の理論やモデル・アプローチを意味する
ものまで成熟していない課題があることを述べている。

　西梅は，ジェネリック（generic）とジェネラリスト（generalist）の相違を精
緻化し，ジェネラル・ソーシャルワークを固有な理論として体系化している。

　海外のソーシャルワークを安易に輸入することとわが国の歴史的経緯にある
社会福祉とソーシャルワークの混同への警鐘を発端とし，包括・統合的，かつ
創造的な特性を持った実践・理論がジェネラル・ソーシャルワークなのである。

　それは，ソーシャルワーカーとしての勘や経験，試行錯誤の積み重ねのみの
実践ではなく，高度な専門性と科学性に実存性を背景とした高度専門職として
のわが国固有のソーシャルワークである。

（3）ジェネラル・ソーシャルワークの明日

　わが国においてソーシャルワーカーは，明確に専門職としての地位が確立さ

れているのだろうか。いまだに社会福祉とソーシャルワークの概念が混同され，スペシフィックの対置概念としてジェネリックやジェネラリスト概念が用いられているように思えてならない。本来のソーシャルワークの一大追究は，利用者とソーシャルワーカーとのパートナーシップに基づいた利用者の幸福への生活支援過程である。そのためには，学際的な専門性を持った支援科学としての確立が不可欠である。

　ジェネラル・ソーシャルワークは，生活・支援・過程であり，利用者とのパートナーシップをもとに展開される。その専門性は，臨床でなければ研ぎ澄ますことのできない実践・実学であることを強調しておきたい。そのためには，科学性と実存性を背景に高度な専門性と実践力が不可欠なのである。また，SDGs（持続可能な発展・開発目標）などのように自然環境や気候変動を含めた社会問題・生活問題への総合的かつ包括的なジェネラル・ソーシャルワークとしての展開が求められている。

　利用者とのパートナーシップの根底にあるものについて，安井は，「ごくふつうに生きている人のごくふつうの感性を尊重すること」の大切さを述べている。それは，利用者一人ひとりの考え方，ものごとの捉え方の違いは当然のことであって，利用者の感性を尊重することこそジェネラル・ソーシャルワークの基本であると理解できる。利用者自身がそれぞれの感性を持っていることと同様に，ソーシャルワーカーも一人の人間としてそれぞれの感性を持っている。津田は，自身の臨床経験をもとに「ワーカーは，一人の人間であり，失敗もある。自己嫌悪に陥ることもあるだろう。だが，何よりも自分自身をたいせつにすべきである。自分をたいせつに思えないと利用者もたいせつに思えない」と述べている。また，ネガティブ・ケイパビリティをも内包した実践がジェネラル・ソーシャルワークには必要なのである。

　ジェネラル・ソーシャルワークを論じるには，臨床での経験がなければ，なんの説得力もなく，利用者の心や魂に響くことはない。それは，制度・政策としての社会福祉が，どれだけ整備されたとしても，それらを活用する利用者とソーシャルワーカーのパートナーシップがなければ，絵に描いた餅になってしまうことを意味している。臨床の中にこそジェネラル・ソーシャルワークの本

質が存在するのである。だからこそ，いま，さまざまな臨床でジェネラル・
ソーシャルワークが求められているのである。

注

(1) 岩間伸之・原田正樹（2012）『地域福祉援助をつかむ』有斐閣，15〜19頁。

(2) 岩間伸之（2011）「地域を基盤としたソーシャルワークの特質と機能——個と地域の一体的支援の展開に向けて」『ソーシャルワーク研究』37(1)，11頁。

(3) 帚木蓬生（2017）『ネガティブ・ケイパビリティ——答えの出ない事態に耐える力』朝日新聞出版，3頁。

(4) 藤本周一（2005）「John Keats: "Negative Capability" の『訳語』をめぐる概念の検証」『大阪経大論集』55(6)，5〜27頁。

(5) (3)と同じ，58頁。

(6) 枝廣淳子（2023）『答えを急がない勇気——ネガティブ・ケイパビリティのススメ』イースト・プレス，54頁。

(7) (3)と同じ，6頁。

(8) (3)と同じ，157頁。

(9) 赤羽雄二（2013）『ゼロ秒思考——頭がよくなる世界一シンプルなトレーニング』ダイヤモンド社，47頁。

(10) (6)と同じ，116頁。

(11) Havens, L. (1986) *Making Contact: Uses of Language in Psychotherapy*, Harvard University Press.（＝2001，山下晴彦訳『心理療法におけることばの使い方——つながりをつくるために』誠信書房。）

(12) Mayeroff, M. (1971) *On Caring*, World Perspectives.（＝1987，田村真・向野宣之訳『ケアの本質——生きることの意味』ゆみる出版，15頁。）

(13) 太田義弘・秋山薊二編（1999）『ジェネラル・ソーシャルワーク——社会福祉援助技術総論』光生館。

(14) 中村佐織（2002）「ジェネラル・ソーシャルワーク」黒木保博・山辺朗子・倉石哲也編著『ソーシャルワーク（福祉キーワード　シリーズ)』中央法規出版，2〜3頁。

(15) 西梅幸治（2017）「ジェネラル・ソーシャルワーク」太田義弘・中村佐織・安井理夫編著『高度専門職業としてのソーシャルワーク——理論・構想・方法・実践の科学的統合化』25〜29頁。

(16) 安井理夫（2009）『実存的・科学的ソーシャルワーク——エコシステム構想にもとづく支援技術』明石書店，204頁。

⑰　津田耕一（2008）『利用者支援の実践研究——福祉職員の実践力向上を目指して』
久美，248頁。

参考文献

越川陽介・山根倫也（2020）「多様性が求められる現代に必要な能力に関する一考察
——曖昧さを抱えた状況を生き抜くための negative capability の可能性」『関西大
学臨床心理専門職大学院紀要』10，39～49頁。

学習課題

①　ネガティブ・ケイパビリティとは，どのような力か振り返ってみよう。また，ど
のような場面で活用できるのか利用者の視点に立って考えてみよう。

②　ソーシャルワークを総合的かつ包括的に展開するためには，どのようなことが大
切なのか考えてみよう。

キーワード一覧表

☐　SDGs：Sustainable Development Goals　持続可能な発展・開発目標。誰一
　　人取り残さない持続可能な社会の実現を目指す世界共通の目標。　　　172

☐　NPO　NPO（Nonprofit Organization または Not-for-Profit Organization の
　　略）非営利での社会貢献活動や慈善活動を行う市民団体。　　　172

☐　レジリエンス　困難や苦境に直面しながらも平衡状態を維持する能力とされ，
　　「復元力」「精神的回復力」「抵抗力」「耐久力」などと訳されることもある。
　　　　174

☐　ネガティブ・ケイパビリティ　すぐに答えや理由を求めるのではなく，よくわ
　　からない，心がもやもやした宙ぶらりんの中で，急がず，焦らず，もがきな
　　がら，耐えることのできる能力。　　　175

☐　バイステックの7原則　①個別化，②意図的な感情表現，③統制された情緒的
　　関与，④受容，⑤非審判的態度，⑥自己決定，⑦秘密保持。　　　177

ソーシャルワーカーの倫理綱領

社会福祉専門職団体協議会代表者会議　2005年1月27日制定
日本ソーシャルワーカー連盟代表者会議　2020年6月2日改訂

前　文

　われわれソーシャルワーカーは，すべての人が人間としての尊厳を有し，価値ある存在であり，平等であることを深く認識する。われわれは平和を擁護し，社会正義，人権，集団的責任，多様性尊重および全人的存在の原理に則り，人々がつながりを実感できる社会への変革と社会的包摂の実現をめざす専門職であり，多様な人々や組織と協働することを言明する。

　われわれは，社会システムおよび自然的・地理的環境と人々の生活が相互に関連していることに着目する。社会変動が環境破壊および人間疎外をもたらしている状況にあって，この専門職が社会にとって不可欠であることを自覚するとともに，ソーシャルワーカーの職責についての一般社会および市民の理解を深め，その啓発に努める。

　われわれは，われわれの加盟する国際ソーシャルワーカー連盟と国際ソーシャルワーク教育学校連盟が採択した，次の「ソーシャルワーク専門職のグローバル定義」（2014年7月）を，ソーシャルワーク実践の基盤となるものとして認識し，その実践の拠り所とする。

> ソーシャルワーク専門職のグローバル定義
> 　ソーシャルワークは，社会変革と社会開発，社会的結束，および人々のエンパワメントと解放を促進する，実践に基づいた専門職であり学問である。社会正義，人権，集団的責任，および多様性尊重の諸原理は，ソーシャルワークの中核をなす。ソーシャルワークの理論，社会科学，人文学，および地域・民族固有の知を基盤として，ソーシャルワークは，生活課題に取り組みウェルビーイングを高めるよう，人々やさまざまな構造に働きかける。
> 　この定義は，各国および世界の各地域で展開してもよい。（IFSW；2014.7）※注1

　われわれは，ソーシャルワークの知識，技術の専門性と倫理性の維持，向上が専門職の責務であることを認識し，本綱領を制定してこれを遵守することを誓約する。

原　理

Ⅰ （人間の尊厳）　ソーシャルワーカーは，すべての人々を，出自，人種，民族，国籍，
性別，性自認，性的指向，年齢，身体的精神的状況，宗教的文化的背景，社会的地位，
経済状況などの違いにかかわらず，かけがえのない存在として尊重する。

Ⅱ （人権）　ソーシャルワーカーは，すべての人々を生まれながらにして侵すことので
きない権利を有する存在であることを認識し，いかなる理由によってもその権利の抑
圧・侵害・略奪を容認しない。

Ⅲ （社会正義）　ソーシャルワーカーは，差別，貧困，抑圧，排除，無関心，暴力，環
境破壊などの無い，自由，平等，共生に基づく社会正義の実現をめざす。

Ⅳ （集団的責任）　ソーシャルワーカーは，集団の有する力と責任を認識し，人と環境
の双方に働きかけて，互恵的な社会の実現に貢献する。

Ⅴ （多様性の尊重）　ソーシャルワーカーは，個人，家族，集団，地域社会に存在する
多様性を認識し，それらを尊重する社会の実現をめざす。

Ⅵ （全人的存在）　ソーシャルワーカーは，すべての人々を生物的，心理的，社会的，
文化的，スピリチュアルな側面からなる全人的な存在として認識する。

倫理基準

Ⅰ　クライエントに対する倫理責任
1. （クライエントとの関係）　ソーシャルワーカーは，クライエントとの専門的援助
関係を最も大切にし，それを自己の利益のために利用しない。
2. （クライエントの利益の最優先）　ソーシャルワーカーは，業務の遂行に際して，
クライエントの利益を最優先に考える。
3. （受容）　ソーシャルワーカーは，自らの先入観や偏見を排し，クライエントをあ
るがままに受容する。
4. （説明責任）　ソーシャルワーカーは，クライエントに必要な情報を適切な方法・
わかりやすい表現を用いて提供する。
5. （クライエントの自己決定の尊重）　ソーシャルワーカーは，クライエントの自己
決定を尊重し，クライエントがその権利を十分に理解し，活用できるようにする。
また，ソーシャルワーカーは，クライエントの自己決定が本人の生命や健康を大き

く損ねる場合や，他者の権利を脅かすような場合は，人と環境の相互作用の視点か
らクライエントとそこに関係する人々相互のウェルビーイングの調和を図ることに
努める。

6. （参加の促進）　ソーシャルワーカーは，クライエントが自らの人生に影響を及ぼ
す決定や行動のすべての局面において，完全な関与と参加を促進する。

7. （クライエントの意思決定への対応）　ソーシャルワーカーは，意思決定が困難な
クライエントに対して，常に最善の方法を用いて利益と権利を擁護する。

8. （プライバシーの尊重と秘密の保持）　ソーシャルワーカーは，クライエントのプ
ライバシーを尊重し秘密を保持する。

9. （記録の開示）　ソーシャルワーカーは，クライエントから記録の開示の要求が
あった場合，非開示とすべき正当な事由がない限り，クライエントに記録を開示す
る。

10. （差別や虐待の禁止）　ソーシャルワーカーは，クライエントに対していかなる差
別・虐待もしない。

11. （権利擁護）　ソーシャルワーカーは，クライエントの権利を擁護し，その権利の
行使を促進する。

12. （情報処理技術の適切な使用）　ソーシャルワーカーは，情報処理技術の利用がク
ライエントの権利を侵害する危険性があることを認識し，その適切な使用に努める。

Ⅱ　組織・職場に対する倫理責任

1. （最良の実践を行う責務）　ソーシャルワーカーは，自らが属する組織・職場の基
本的な使命や理念を認識し，最良の業務を遂行する。

2. （同僚などへの敬意）　ソーシャルワーカーは，組織・職場内のどのような立場に
あっても，同僚および他の専門職などに敬意を払う。

3. （倫理綱領の理解の促進）　ソーシャルワーカーは，組織・職場において本倫理綱
領が認識されるよう働きかける。

4. （倫理的実践の推進）　ソーシャルワーカーは，組織・職場の方針，規則，業務命
令がソーシャルワークの倫理的実践を妨げる場合は，適切・妥当な方法・手段に
よって提言し，改善を図る。

5. （組織内アドボカシーの促進）　ソーシャルワーカーは，組織・職場におけるあら
ゆる虐待または差別的・抑圧的な行為の予防および防止の促進を図る。

6. （組織改革）　ソーシャルワーカーは，人々のニーズや社会状況の変化に応じて組
織・職場の機能を評価し必要な改革を図る。

Ⅲ　社会に対する倫理責任

1. （ソーシャル・インクルージョン）　ソーシャルワーカーは，あらゆる差別，貧困，

抑圧，排除，無関心，暴力，環境破壊などに立ち向かい，包摂的な社会をめざす。

2.（社会への働きかけ）　ソーシャルワーカーは，人権と社会正義の増進において変革と開発が必要であるとみなすとき，人々の主体性を活かしながら，社会に働きかける。

3.（グローバル社会への働きかけ）　ソーシャルワーカーは，人権と社会正義に関する課題を解決するため，全世界のソーシャルワーカーと連帯し，グローバル社会に働きかける。

Ⅳ　専門職としての倫理責任

1.（専門性の向上）　ソーシャルワーカーは，最良の実践を行うために，必要な資格を所持し，専門性の向上に努める。

2.（専門職の啓発）　ソーシャルワーカーは，クライエント・他の専門職・市民に専門職としての実践を適切な手段をもって伝え，社会的信用を高めるよう努める。

3.（信用失墜行為の禁止）　ソーシャルワーカーは，自分の権限の乱用や品位を傷つける行いなど，専門職全体の信用失墜となるような行為をしてはならない。

4.（社会的信用の保持）　ソーシャルワーカーは，他のソーシャルワーカーが専門職業の社会的信用を損なうような場合，本人にその事実を知らせ，必要な対応を促す。

5.（専門職の擁護）　ソーシャルワーカーは，不当な批判を受けることがあれば，専門職として連帯し，その立場を擁護する。

6.（教育・訓練・管理における責務）　ソーシャルワーカーは，教育・訓練・管理を行う場合，それらを受ける人の人権を尊重し，専門性の向上に寄与する。

7.（調査・研究）　ソーシャルワーカーは，すべての調査・研究過程で，クライエントを含む研究対象の権利を尊重し，研究対象との関係に十分に注意を払い，倫理性を確保する。

8.（自己管理）　ソーシャルワーカーは，何らかの個人的・社会的な困難に直面し，それが専門的判断や業務遂行に影響する場合，クライエントや他の人々を守るために必要な対応を行い，自己管理に努める。

注1．本綱領には「ソーシャルワーク専門職のグローバル定義」の本文のみを掲載してある。なお，アジア太平洋（2016年）および日本（2017年）における展開が制定されている。
注2．本綱領にいう「ソーシャルワーカー」とは，本倫理綱領を遵守することを誓約し，ソーシャルワークに携わる者をさす。
注3．本綱領にいう「クライエント」とは，「ソーシャルワーク専門職のグローバル定義」に照らし，ソーシャルワーカーに支援を求める人々，ソーシャルワークが必要な人々および変革や開発，結束の必要な社会に含まれるすべての人々をさす。

おわりに

　貧困，孤独死，虐待，暴力，ひきこもり，ごみ屋敷，高齢者の運転による事故などのニュースが各種メディアで取り上げられることが多くなりました。しかし，それらの問題はあたかも個人の責任によって発生し，社会的な問題とは無関係であるかのように報じられる傾向にあります。ある警察に密着したドキュメンタリー番組では，万引きをした高齢者が捕まった場面がありました。そして「彼女はたった300円の万引きですべてを失うことになった」というナレーションで次の話題に変わっていきました。当然万引きはいけないことです。しかし，彼女はなぜ万引きをしてしまったのか，どんな毎日を過ごしていたのか，お金に困っていたのか，近所や家族とのつながりはどうだったのか，彼女の暮らしの背景に目を向けたとき，それは個人の問題だけではなく，現代社会が生み出した社会問題としても捉えることができます。ソーシャルワーカーはそこに目を向けなければなりません。

　支援では「生活」をどのように捉えるかで方向性が大きく変わります。私たちから見た当事者の生活問題・生活課題は，当事者（本人）からすれば，この社会で生きることの「困難」です。そして，この「困難」は時代や社会状況を反映した一つの断面であり，歴史的にも変化していきます。ソーシャルワーカーは人間の「生活」「困難」の解釈と認識について敏感でなくてはなりません。そして臨床の場でその感覚を常に磨き続ける必要があります。しかし，わが国は，ソーシャルワーカーとしての成長を支える教育体制が残念ながら整えられているとはいえず，その努力は個人に委ねられているのが現状です。

　本書は，ジェネラリストとしてのソーシャルワークをできる限りわかりやすく，図表・事例を多くしてまとめました。さらに，ソーシャルワークは関連職種・機関との関係のなかで成り立つものであることを前提に，ソーシャルワークの固有の視点について解説しています。一生懸命生きている人を支えたい，人とかかわることを諦めない，その確たる思いに本書が役立てば幸いです。

　最後に，発刊の機会をいただいた監修の杉本敏夫先生（関西福祉科学大学名誉

教授），分担執筆の労を担われた先生方，企画から校正まで細やかな配慮をいただいたミネルヴァ書房の亀山みのり氏に心より感謝申し上げます。

2024年5月

編者　小口将典

さくいん

(＊は人名)

監修者紹介

杉本　敏夫（すぎもと・としお）

現　在　関西福祉科学大学名誉教授
主　著　『新社会福祉方法原論』（共著）ミネルヴァ書房，1996年
　　　　『高齢者福祉とソーシャルワーク』（監訳）晃洋書房，2012年
　　　　『社会福祉概論（第3版)』（共編著）勁草書房，2014年

執筆者紹介（執筆順，＊印は編者）

＊木村　淳也（第1章）
編著者紹介参照

＊小口　将典（第2章）
編著者紹介参照

金子　優希（第3章）
和泉市立総合医療センター

竹田　直樹（第4章）
関西福祉科学大学社会福祉学部助教（特任）

酒井　美和（第5章）
帝京大学文学部講師

島﨑　剛（第6章）
久留米大学文学部講師

宮地　さつき（第7章）
文教大学人間科学部准教授

本多　勇（第8章）
武蔵野大学通信教育部教授，医療法人社団充会介護老
人保健施設太郎非常勤支援相談員

佐藤　佳子（第9章）
佐野日本大学短期大学准教授

木下　大生（第10章）
武蔵野大学人間科学部教授

牛島　豊広（第11章）
周南公立大学人間健康科学部准教授

種村　理太郎（第12章）
天理大学人文学部専任講師

竹下　徹（第13章）
周南公立大学福祉情報学部准教授

掛川　直之（第14章）
立教大学コミュニティ福祉学部准教授

松久　宗丙（第15章）
医療法人社団崇仁会船戸クリニック天音の里施設長

編著者紹介

木村　淳也（きむら・じゅんや）

　現　在　会津大学短期大学部幼児教育・福祉学科准教授

　主　著　『ソーシャルワーカーのソダチ——ソーシャルワーク教育・実践の未来のために』
　　　　　（共著）生活書院，2017年
　　　　　『ソーシャルワーク論——理論と方法の基礎』（共編著）ミネルヴァ書房，2021年

小口　将典（おぐち・まさのり）

　現　在　関西福祉科学大学社会福祉学部准教授

　主　著　『福祉サービスの組織と経営』（編著）ミネルヴァ書房，2022年
　　　　　『食卓から子育て・保護者支援への展開——保育ソーシャルワークの新たな方法』
　　　　　（単著）日総研出版，2023年

最新・はじめて学ぶ社会福祉⑧
ソーシャルワークの基盤と専門職Ⅱ（専門）

2024 年 5 月 1 日　初版第 1 刷発行　　　　　〈検印省略〉

定価はカバーに
表示しています

監 修 者	杉	本	敏	夫
編 著 者	木	村	淳	也
	小	口	将	典
発 行 者	杉	田	啓	三
印 刷 者	坂	本	喜	杏

発行所　株式会社　ミネルヴァ書房
607-8494　京都市山科区日ノ岡堤谷町 1
電話代表　(075) 581 - 5191
振替口座　01020 - 0 - 8076

ISBN 978-4-623-09689-3

Printed in Japan

杉本敏夫　監修

──── 最新・はじめて学ぶ社会福祉 ────

全23巻予定／Ａ５判　並製

順次刊行，　●数字は既刊

──── ミネルヴァ書房 ────

https://www.minervashobo.co.jp/